Manitoba

Sous la direction de Bernard Deforge et Laurent Acharian

Laurent Acharian
Philippe Degonzague
Marc Gerretsen

LES CENT JOURS
DES DIRIGEANTS

Laurent Acharian
Philippe Degonzague
Marc Gerretsen

LES CENT JOURS DES DIRIGEANTS

L'état de grâce existe-t-il dans l'entreprise ?

PARIS
MANITOBA / LES BELLES LETTRES
2011

Pour consulter notre catalogue
et découvrir nos nouveautés
www.lesbelleslettres.com

95, boulevard Raspail, 75006 Paris.

ISBN : 978-2-251-44421-5

PRÉFACE

Juillet 2005 : je deviens Président de PwC France. Après vingt-six années chez PwC, je connais bien les rouages de notre société, son histoire, sa culture. Et pourtant, en devenant Président, je me rends compte qu'il était impossible d'anticiper tous les défis. Du jour au lendemain, je deviens le principal représentant de l'entreprise, avec tout ce que cela implique. Mes faits et gestes ne peuvent plus être menés comme avant, ils sont scrutés et interprétés plus que je ne le pensais. Plus important : aussi surprenant que cela puisse paraître pour un dirigeant issu de l'interne et qui s'était préparé à cette fonction, ce sont beaucoup de questions inattendues auxquelles je suis d'abord confronté. Mes « cent jours » deviennent alors bien différents de ce que j'avais prévu, et, en termes d'emploi du temps, la résolution qui était la mienne de prendre toujours du recul sur les événements est difficile à tenir. Bref, mes « cent jours » passent comme un jour !

Dans ces conditions, je crois qu'à l'époque ce livre m'aurait été très utile. J'aurais apprécié de prendre connaissance de l'expérience d'autres dirigeants, de profiter de leur vécu. Cela m'aurait sûrement fait gagner un temps précieux. C'est d'ailleurs pourquoi j'ai vivement encouragé ses auteurs à écrire ce livre.

« Les cent jours » constitue un sujet sous-estimé par les dirigeants. Tous anticipent une période de travail très intense, mais ont bien du mal à en définir le contenu. Difficile en effet de hiérarchiser des priorités, quand tout le monde dans votre entreprise mais aussi à l'extérieur vous sollicite, quand tout semble urgent, quand rien ne semble pouvoir être délégué tant tous les sujets sont importants !

Ce livre dresse un panorama des défis et des enjeux incontournables de la période. Il ne s'agit pas d'un cours magistral de management et c'est sa grande force. Quel dirigeant a objectivement le temps de se plonger dans ce type d'ouvrages didactiques lorsqu'il entre en fonction ? Loin des concepts donc, il s'appuie sur le vécu des dirigeants interviewés, mais aussi sur l'expérience des auteurs qui côtoient au quotidien le top management des entreprises. Bref, il s'agit d'un guide dont la vocation n'est pas de vous dire ce qu'il faut faire ou ne pas faire – cela dépend tellement des situations et des personnalités- mais dans lequel vous trouverez des exemples qui vous ressemblent et qui vous aideront à être plus vite performant.

Car ne l'oublions pas, c'est *in fine* sur ce critère que nous sommes jugés.

Serge Villepelet
Président de PwC France

AVANT-PROPOS

L'historien que je suis a toujours été frappé de l'usage fait de la notion des « cent jours » dans le monde de l'entreprise. Ainsi tout nouveau dirigeant, comme plus généralement toute personne exerçant des fonctions de pouvoir, aurait un délai de trois mois pour faire ses preuves ? Au-delà du caractère mythique d'un chiffre rond, ne faut-il pas voir dans cette captation des « cent jours » une allusion même implicite à une période forte de l'histoire de France également évoquée en référence par nombre de dirigeants politiques à travers le monde. Mais que signifie cette référence ? N'est-elle pas source d'ambiguïté ?

Lorsqu'il fut nommé Premier ministre, en juin 2005, au lendemain de la victoire du non au référendum sur la Constitution européenne, Dominique de Villepin s'était donné cent jours pour redonner la confiance aux Français, s'attirant quelques sarcasmes de la part de ses opposants qui avaient bien compris à quelle période de l'histoire le Premier ministre faisait allusion et qui ne manquèrent pas de lui rappeler que les Cent Jours s'étaient achevés par la défaite de Napoléon à Waterloo le 18 juin 1815. De fait, Dominique de Villepin ne pouvait oublier qu'il était sorti de l'anonymat – le grand public ignore généralement le nom du secrétaire général de l'Élysée – en publiant en 2001 un ouvrage remarqué intitulé *Les Cent Jours ou l'esprit de sacrifice,* dans lequel il retraçait les derniers mois de Napoléon au pouvoir, entre son retour de l'île d'Elbe et la défaite de Waterloo, et comparait l'empereur au général de Gaulle, privilégiant chez l'un comme chez l'autre la figure de l'homme d'État capable de se sacrifier pour contribuer à la grandeur de la France.

Le paradoxe veut que les Cent Jours, période historique qui vient clore un cycle politique de quinze ans, aient fini par symboliser une sorte de moment expérimental, un temps court pendant lequel toutes les initiatives auraient été possibles et toutes les issues envisageables. Cette idée s'appuie certes sur les mesures politiques prises par Napoléon qui souhaite renouer avec l'esprit des débuts de la Révolution et réconcilier les Français avec les idées de 1789, mais elle doit aussi beaucoup à une relecture *a posteriori* de l'événement, formulée notamment par Emmanuel de Las Cases qui, dans le *Mémorial de Sainte-Hélène*, fait des Cent Jours la période idéale de l'Empire, celle pendant laquelle s'affirme un empereur attaché aux libertés et à la paix européenne, envisageant même pour le continent une organisation sur la base d'une fédération de nations. Il s'agit d'une reconstruction qui ne tient compte ni de la réalité historique, ni du bilan catastrophique des Cent Jours sur le plan économique et financier. Mais qu'à cela ne tienne la légende s'empare de ce bref instant pour le transformer en un moment riche de promesses et de réformes, oubliant au passage qu'à l'origine le terme a été utilisé non pas exactement pour désigner le retour de Napoléon au pouvoir, mais pour dénombrer le nombre de jours pendant lesquels le roi Louis XVIII, chassé par Napoléon, a dû s'absenter de sa capitale. C'est en effet le préfet Chabrol qui, lors du retour du roi à Paris, s'exclame : « Sire, cent jours se sont écoulés depuis le moment où Votre Majesté, forcée de s'arracher aux affections les plus chères, quitta sa capitale au milieu des larmes et de la consternation publique. »

L'œuvre engagée par Napoléon en mars 1815 est inachevée, mais la légende dorée en retient d'autant mieux les promesses annoncées qu'elle considère la défaite de Waterloo comme un accident qui n'aurait pas dû se produire si le maréchal Grouchy était arrivé à temps sur le champ de bataille. Cette vision de l'histoire néglige l'état du rapport des forces en Europe en 1815, mais elle a pour effet de valoriser cet épisode. Le retour spectaculaire de Napoléon et l'adhésion d'une grande partie de l'opinion imposent l'image du sauveur, de l'homme providentiel qui a aussi contribué à la force du mythe des Cent Jours. Dès lors les chefs d'État ou de gouvernement ne manquent pas de s'y référer plus ou moins explicitement, au moment de leur entrée en fonctions, intégrant l'idée qu'il faut agir vite pour faire passer les réformes les plus urgentes, particulièrement en temps de crise. La référence aux Cent Jours suppose en effet un contexte particulièrement difficile. Le plus bel exemple en est offert par Franklin Roosevelt, au lendemain de sa première élection à la présidence des États-Unis, alors que le pays est dans la tourmente de la crise de 1929. Dans son discours inaugural, il s'exclame, au début de 1933 : « Je demanderai au Congrès de m'accorder le dernier recours pour faire face à la crise, les pleins pouvoirs de l'exécutif pour mener la guerre contre cette situation exceptionnelle, comme il me l'accorderait si l'ennemi envahissait notre territoire. » Le mot n'est pas prononcé, mais l'allusion à la période napoléonienne, derrière l'image de la guerre et du territoire envahi, est à peine voilée. Du reste les observateurs, journalistes en tête, ne s'y trompent pas en parlant des « cent jours » de Roosevelt, terme qui reste accolé à cette période initiale de sa présidence. De fait, entre le 4 mars et le 16 juin 1933, une vingtaine de lois furent promulguées aux États-Unis. En France, alors que le pays vient de subir la défaite de Diên Biên Phu, Pierre Mendès France est désigné pour former le gouvernement en juin 1954. Il sait qu'il doit d'abord faire face au règlement de la paix en Indochine, et se donne non pas cent jours, mais quatre semaines, pour y parvenir. « Il faut donc que le cessez-le-feu intervienne rapidement. Le gouvernement que je constituerai se fixera – et il fixera à nos adversaires – un délai de quatre semaines pour y parvenir. Nous sommes aujourd'hui le 17 juin ; je me présenterai devant vous avant le 20 juillet et je vous rendrai compte des résultats obtenus. » L'intention est la même, la référence historique en moins. Dans l'un et l'autre cas, l'image de l'homme providentiel est également présente, comme elle le sera lors du retour au pouvoir du général de Gaulle en 1958, qui lui aussi doit agir vite pour réformer le pays et régler la question algérienne.

Mais peut-on raisonnablement envisager de réformer un pays en trois mois ? François Mitterrand, alors premier secrétaire du parti socialiste, pense au contraire que la transformation de la société nécessitera une durée plus longue. « Qui peut imaginer sérieusement, déclare-t-il en avril 1979 en exposant son programme, qu'un projet aussi vaste puisse être l'affaire de cent jours, de trois mois ? Pour n'être pas seulement le changement de quelques hommes ou de quelques lois, la rupture devra être faite d'un enchaînement de ruptures, portant sur tous les mécanismes qui assurent le fonctionnement du capitalisme. » Pourtant l'état de grâce, après son arrivée au pouvoir en 1981, n'a guère duré plus longtemps que les Cent Jours qu'il stigmatisait, comme si en politique, il fallait agir vite pour faire passer les réformes auprès de l'opinion publique. La presse dresse ainsi régulièrement le bilan des cent premiers jours d'un président à l'Élysée ou d'un Premier ministre à Matignon, tradition également reprise à l'étranger, comme l'illustrent les titres des journaux trois mois après la prise de fonctions de Barack Obama. La référence est d'autant plus forte que les mandats des tenants de l'exécutif sont courts ; quatre ans pour le président américain qui doit de plus faire face aux élections à mi-mandat, désormais cinq ans pour le président de la République française. Mais surtout cette idée de réformes à accomplir dans un délai bref renvoie à la situation d'un monde dans lequel tout s'accélère, de régimes démocratiques de plus en plus placés sous la dictature des sondages qui contraignent à des résultats immédiats, avec un objectif : que les Cent Jours ne s'achèvent pas par un Waterloo. C'est du reste le conseil que donnait le député Olivier Dassault à Dominique de Villepin venu en visite dans l'Oise cent jours après son entrée à Matignon : « J'apporte mon soutien à la bataille pour l'emploi ! Vous ne contemplez pas une morne plaine, vous quittez Arcole et Rivoli. Vous avez en vue les Pyramides et le mont Thabor et, sur le chemin d'Austerlitz, évitez Leipzig et Waterloo », série de références à l'époque napoléonienne qui vient rappeler combien l'Empire continue d'imprégner la culture de nos contemporains.

Mais le dernier mot doit revenir à l'historien qui ne peut que constater les effets négatifs engendrés par le retour de Napoléon en mars 1815, au-delà des espoirs que ce dernier fait naître, mais qui s'évanouissent aussi vite qu'ils sont apparus. Sur le plan territorial, la France perd la Savoie et Nice, ainsi que plusieurs places dans le nord et l'est ; elle doit verser une lourde indemnité de guerre garantie par une occupation d'un tiers du territoire pendant trois ans. Sur le plan politique, la relative synthèse à laquelle était parvenue la monarchie restaurée, en s'appuyant à la fois sur les serviteurs de l'Empire et sur les nobles rentrés d'émigration, explose. Les positions se durcissent, la terreur blanche frappe les opposants de la monarchie dans le sud-est du pays, une chambre ultraroyaliste est élue tandis que les nostalgiques de la Révolution doivent se terrer ou partir en exil. L'union du trône et de l'autel se renforce, la population étant invitée à expier la Révolution. Mais le mythe des Cent Jours s'inscrit aussi dans l'histoire. L'idéalisation de cette période brève, dès les lendemains de la chute de Napoléon et plus encore après sa mort en 1821, a contribué à nourrir la légende napoléonienne, laquelle conduit le neveu de Napoléon Ier à prendre à son tour le pouvoir. L'épisode aura finalement laissé le souvenir d'un chef audacieux, intrépide, sachant convaincre et galvaniser ses hommes, capable de les conduire vers le but qu'il leur a fixé, capable aussi de se remettre en cause, en revenant sur quelques-unes des dispositions les plus liberticides de l'Empire. La rapidité de la prise de décision, le recours à des conseillers venus d'horizons divers – on songe en particulier à Benjamin Constant qui le traitait quelques jours plus tôt de Gengis Khan – sont autant d'éléments qui ont conduit à faire de cette période particulière un laboratoire où puiser des exemples pour répondre à d'autres situations de crise. L'ambivalence du moment ne doit cependant pas être masquée. L'image du « vol de l'aigle » la résume bien. L'aigle est le symbole de l'Empire, c'est un oiseau vif et intelligent, mais c'est aussi un rapace prêt à fondre sur sa proie, en l'occurrence le pouvoir. Il est rare néanmoins que les détenteurs du pouvoir l'abandonnent au bout de trois mois. Napoléon lui-même ne l'a fait que poussé par la défaite.

Jacques-Olivier Boudon
Professeur à l'université Paris Sorbonne
Président de l'Institut Napoléon

INTRODUCTION

« Les Cent Jours, cela se termine mal, non ? » Facétieux, Christophe de Margerie n'a pas tort. C'est bien par la défaite de Waterloo et par un aller simple pour Saint-Hélène que s'est achevé le retour manqué de Napoléon.

Il aura duré cent jours entre le 1er mars et le 22 juin 1815. Depuis, comme le montre dans sa préface Jacques-Olivier Boudon, président de l'Institut Napoléon et professeur d'histoire à Paris-Sorbonne, l'expression a fait florès.

Elle évoque, bien au-delà du monde politique, une période de grâce au cours de laquelle le champ des possibles est immense. Certaines actions ne peuvent être conduites qu'à ce moment-là, car le nouveau dirigeant bénéficie alors d'une certaine aura, d'une certaine indulgence. Il existe un consensus pour lui laisser imprimer sa marque sur la société.

Mais attention, cette période est à très hauts risques : c'est en effet durant les premiers mois que les salariés, les clients et l'ensemble des acteurs du marché se font une idée de ce que vous êtes. « C'est à ce moment-là que le dirigeant assoit la perception de lui-même. Au bout de cent jours, il sait assez précisément si la greffe a pris ou non », indique en ce sens par exemple Virginie Morgon, directeur des investissements et membre du directoire d'Eurazeo.

Oui, les Cent Jours sont bien une réalité complexe pour les dirigeants.

Car ne nous y trompons pas, l'alchimie entre un dirigeant et son entreprise ne se fait pas toujours. Elle est sujette à des paramètres rationnels (profil, écoute, plan d'actions, premiers succès, etc.) et à d'autres qui le sont beaucoup moins. « Pour quelqu'un qui n'a jamais été placé en position de dirigeant, il y a l'importance particulière de ce premier contact grâce auquel nous allons comprendre si la personne a du charisme ou pas et si elle sait faire travailler les gens ensemble. Le bon dirigeant doit savoir instaurer très vite autour de lui un climat de confiance et cela ne se décrète pas. Cela passe par sa personnalité, son comportement. C'est un petit mystère qui se révèle assez rapidement », considère Xavier Fontanet, président d'Essilor.

Bref, le CV, l'expérience ne sont pas des gages de légitimité. Ternir son image et donc sa capacité à mobiliser et à agir est malheureusement bien plus aisé que de la restaurer. L'idéal est donc de ne pas manquer ses premiers pas au risque de déchanter très vite.

« Long tunnel », « marathon à la vitesse d'un sprint », « tour de chauffe sans droit à l'erreur », « épreuve de vérité » : les expressions ne manquent pas dans la bouche des dirigeants pour qualifier cette période pas comme les autres. « Je n'ai pas vu le jour au sens littéral du terme », se souvient même Isabelle Proust, ex-directrice générale du groupe Bernard Loiseau.

En discutant avec eux, on se rend compte rapidement que c'est la seule séquence de leur mandat si clairement identifiée dans leur esprit. Beaucoup d'entre eux se sont en effet dit en entrant en fonctions : « Je dois bien gérer mes cent jours pour réussir la suite. »

Il faut rappeler que du jour au lendemain tout change. Subitement, le nouveau dirigeant est projeté des lignes arrière au front avec tout ce que cela implique en matière de gratification mais aussi d'exposition : « Il faut être très humble dès le départ car, en tant que PDG, vous êtes au bout du fusil de tout le monde. D'un coup, vous êtes seul. Si les résultats ne suivent pas, la tête qui tombe sera la vôtre. Il ne faut pas se raconter d'histoire ! », considère Pascal Schuster, PDG de SAG Thepault.

Pourquoi ce livre ?

Ce livre est né de plusieurs constats :

— Celui tout d'abord de notre expérience. Nous avons eu l'occasion de rencontrer très souvent des dirigeants au cours de leurs cent jours. C'est une période au cours de laquelle ils nous appellent volontiers, confrontés très souvent à une grande solitude. Leurs besoins sont alors multiples et dépendent de plusieurs paramètres :

Est-ce leur premier poste de dirigeant ? Sont-ils issus de l'interne ? Ont-ils une expérience du secteur d'activité ? L'entreprise est-elle en bonne santé ?

Ils ont alors besoin de confronter leurs idées, de recueillir des avis extérieurs qui leur permettent d'échanger sans avoir le sentiment d'être jugés.

— Celui aussi de l'absence d'ouvrages de référence en français sur le thème. « J'ai cherché ce livre quand je suis entré en fonctions. Je ne l'ai pas trouvé », nous a expliqué Jacques-Henri Eyraud PDG de Paris Turf. Pour être plus précis : des livres de référence existent sur le sujet comme *You're in charge – Now What ?* de Thomas J. Neef et de James M. Citrin du cabinet Spencer Stuart. Mais rien en France de vraiment significatif sur les dirigeants. De la littérature managériale existe sur la thématique de l'entrée en fonctions – certains ouvrages sont de qualité d'ailleurs comme *Prise de poste, les dilemmes du manager* de Gilles Amado et Richard Elsner – mais pour une cible beaucoup plus large.

Par ailleurs, nous avons été très sensibles au conseil d'Ann Verledens, l'ancien directeur général de Karl Storz, aujourd'hui directeur ventes et marketing Europe pour Keystone Dental : « Prendre un poste de directeur général, c'est assez angoissant. Pour me préparer, j'avais trouvé un livre américain assez bien fait dans lequel j'avais pioché quelques bonnes idées. En revanche, en français, autre que des traductions de livres anglo-saxons, je n'ai rien trouvé. Absolument rien ! De façon générale, je n'aime pas les livres de management français. Ils sont souvent très académiques et assez indigestes. Il faut quand même que vous ayez en tête qu'un directeur général, surtout au départ, a très peu de temps. Ce livre, il va le feuilleter dans son lit, après une très grosse journée de travail. Il faut donc que ce soit un livre utile et que le lecteur DG y trouve du plaisir et des informations pratiques. »

Nous espérons que nous réussirons à relever ce défi dans les pages à venir.

Les dessous de l'ouvrage

Ce livre repose sur une longue enquête conduite auprès d'une quarantaine de dirigeants (PDG, directeurs généraux, etc.) de grands groupes, d'entreprises de taille intermédiaire (ETI), d'entreprises plus petites, de filiales, tous secteurs confondus. Tous nous ont consacré plusieurs heures d'entretien en tête à tête. Aucun ne nous a dit : « Désolé, j'ai une réunion qui commence dans cinq minutes », quitte à ne pas prendre en considération les rappels à l'ordre insistants de leurs assistantes. C'est un signe. Le sujet leur plaisait !

Nous avons été vraiment surpris par l'accueil que nous ont réservé ces patrons. Tous étaient heureux de parler de leurs cent jours. Ils le faisaient d'ailleurs le plus souvent pour la première fois. Nous avons eu finalement très peu de refus.

Nous avons eu le sentiment parfois que les dirigeants rencontrés avaient besoin de s'exprimer sur le sujet. Finalement, ce retour en arrière était pour eux un exercice vertueux : cette remise dans le contexte initial leur permettait de comprendre les raisons de leurs succès, mais aussi de leurs échecs. Car les Cent Jours sont incontestablement une matrice originelle qui conditionne, dans un sens ou dans un autre, la suite des opérations.

« Je n'ai jamais parlé de cela » : voilà une phrase qu'ils nous ont répétée inlassablement au fil de nos entretiens, comme pour souligner leur propre surprise de ne pas avoir évoqué plus tôt ces souvenirs si prégnants. Le constat ne surprend pas un spécialiste du recrutement de ces dirigeants, Julien Rozet, président du directoire d'Alexander Hughes : « Les Cent Jours, c'est un sujet totalement irrationnel que n'abordent jamais les candidats dirigeants et c'est vraiment dommage. Il y a ce mythe de l'infaillibilité et de la solitude qui fait qu'ils ne veulent pas donner l'apparence de s'inquiéter de ce moment-clé. En entretien avec nous, ils sont là pour convaincre, ils se montrent toujours très forts en la matière et n'affichent ni doutes ni faiblesses. Pourtant, ils se posent forcément la question, surtout quand ils arrivent dans un nouvel environnement : ils savent que dès le départ, ils n'auront aucun droit à l'erreur, qu'ils devront montrer le chemin. Le rationnel – la stratégie par exemple – s'affiche ; l'irrationnel, c'est autre chose. »

Ce livre est un guide qui s'appuie sur le partage d'expériences de dirigeants. Il évoque différents aspects de la prise de poste propre à ce niveau de responsabilité comme la préparation, les premiers pas, la composition de l'équipe, l'agenda stratégique, ou encore la communication, et les pièges à éviter. Des dirigeants dans d'autres domaines nous ont aussi répondu. En allant à la rencontre du maire de Neuilly, du chef d'état-major de l'armée de l'air, du président de l'université d'Assas, de l'évêque d'Évry, du président du conseil général de Bretagne, d'un ancien ministre, du président de l'association des diplômés de Sciences Po, de l'ancien entraîneur de l'équipe de France de handball, nous constatons des points communs évidents. Tous ont cette conscience de l'urgence qu'ils gèrent, chacun à leur façon.

Notre ouvrage n'a qu'un but : aider les dirigeants dans leur prise de poste.

Il doit leur permettre de gagner du temps – la denrée la plus précieuse dans ces fonctions – et leur éviter quelques erreurs. « Rien ne remplace l'expérience ! », diront certains. Certes. Il n'en reste pas moins que certains conseils, surtout quand ils émanent d'homologues et de prestigieux patrons du CAC 40, méritent une certaine attention.

Il peut aussi être utile aux étudiants qui aspirent un jour à ces fonctions ainsi qu'aux salariés qui souhaitent comprendre ce qui se passe dans la tête des dirigeants durant ces mois cruciaux.

« Les Cent Jours » sont une période dense, exaltante, mais aussi physiquement très éprouvante. Il faut veiller à s'engager bien sûr sans pour autant y laisser trop de plumes, car la suite ne sera de toute façon pas de tout repos. Cet équilibre est loin d'être évident à trouver et il conditionne la réussite à venir.

Ce livre aura son blog (lescentjoursdesdirigeants.fr) qui nous permettra de répondre à vos questions et d'entrer dans le détail de certaines thématiques. Nous comptons beaucoup sur cet outil afin d'échanger avec vous et d'enrichir la réflexion sur le sujet.

« Quand les trois premiers mois se passent bien, on a tendance à penser que les trois suivants seront encore plus importants. Mais quand ils se passent mal, c'est déjà la fin. Vous n'avez pas de seconde chance pour faire une première bonne impression », indique très justement François-Philippe Pic, président de Mondial Assistance France.

Denis Hennequin, nommé récemment PDG d'Accor, a accepté de nous servir de guide dans cet ouvrage. Son point de vue introduira chacun de nos chapitres.

Laurent Acharian, Philippe Degonzague, Marc Gerretsen
le 25 juillet 2011

Avant de prendre le poste, je me suis posé une question simple : que puis-je apporter à une telle entreprise ?

Accor et McDonald's – que je dirigeais – ont des points communs : ce sont des sociétés de services qui font grandir leurs équipes. On trouve aussi les mêmes problématiques de réseau, de franchises avec un poids très fort des fondateurs. Je n'étais pas en terrain totalement inconnu donc. De toute façon, cela n'était pas un frein dans ma réflexion. Pas besoin d'être un spécialiste du secteur pour prendre un poste comme celui-ci. Bien sûr, il faut comprendre les métiers, mais cela ne requiert pas une expertise particulière. Je crois vraiment que nous assistons en ce moment à un changement en la matière : l'ère des dirigeants spécialistes est révolue ; aujourd'hui, on fait confiance à des dirigeants plus généralistes qui ont acquis une expérience ailleurs.

Après, devenir PDG d'Accor, c'est aussi beaucoup une question de circonstances.

Tout s'est passé très vite.

Chez McDonald's tout d'abord, le CEO monde a démissionné. J'étais à la tête de l'Europe et on m'a sollicité pour prendre sa place. J'étais dans l'entreprise depuis vingt-cinq ans, j'avais fait passer le nombre de restaurants de 17 à 1 000 en France et à 6 500 en Europe. J'ai décliné la proposition pour des raisons familiales essentiellement. Ma famille souhaitait continuer à vivre en France. Je connais par cœur Chicago où se trouve le siège de l'entreprise et je ne me voyais pas vivre là-bas non plus.

C'est un job difficile à refuser et cela a été une vraie fracture dans ma vie : il me fallait trouver un nouveau défi pour les quinze années à venir.

À titre personnel, j'avais clairement identifié deux possibilités : accepter le défi d'un grand groupe auquel il fallait redonner un élan ou lancer une PME. Le fondateur de McDonald's a bien ouvert son premier magasin à 55 ans.

Chez Accor, Gilles Pélisson partait. C'est lui qui m'avait demandé de rejoindre le conseil d'administration quelques mois plus tôt et j'ai donc hésité quand on m'a demandé de prendre sa place. Je ne voulais pas passer pour un traître ou un calculateur. Après réflexion, le poste était vacant. Il fallait bien un remplaçant.

Denis Hennequin, PDG d'Accor

CHAPITRE I

Y ALLER OU PAS ?

Les dirigeants constituent une population courtisée.

Sollicités par les chasseurs de têtes, les banquiers d'affaires, les fonds d'investissement notamment, ils n'ont souvent que l'embarras du choix à l'heure de trouver un poste. Reste qu'une mauvaise expérience se sait et constitue un handicap pour le coup d'après. Rien n'est rédhibitoire bien entendu, mais la durée pour retrouver un poste est souvent conditionnée par le succès dans les fonctions précédentes.

« Quand vous vivez une expérience compliquée, il est rare que l'on vienne vous chercher en poste. Et une fois que l'on vous a viré, bon courage pour retrouver ! Moi, il m'a fallu près d'un an et demi pour avoir de nouveau un poste de directeur général. Ma femme a d'ailleurs dû reprendre son travail, car nous commencions à ne plus voir le bout du tunnel », constate l'un d'entre eux.

Avant de se décider, de nombreux paramètres objectifs sont à étudier. Pas question de se précipiter !

Il s'agit tout d'abord de vérifier que la situation que l'on vous présente correspond bien à la réalité. La plupart des malentendus interviennent quand le dirigeant découvre au fil des mois des situations qui n'avaient pas été portées à sa connaissance. Concrètement, que faire pour se faire une idée précise de ce qui vous sera demandé ?

On peut avoir envie de rejoindre une société en bonne santé ou en redressement, cela dépend beaucoup de la personnalité et de l'expérience. Mais il faut que cela soit clair et il ne faut pas découvrir une situation radicalement différente de celle escomptée au moment de l'entrée en fonctions. Au risque de déchanter.

« Je suis arrivé en confiance en septembre et je me suis véritablement plongé dans les chiffres à ce moment-là. La société affichait une belle croissance et je n'avais pas été prévenu de tels problèmes de gestion ! Il fallait notamment réinjecter des liquidités au risque de ne pas pouvoir payer les salaires. C'est un contexte que je n'avais pas anticipé malgré un travail d'analyse des comptes au préalable à mon démarrage. Le président que j'avais rencontré quatre ou cinq fois avant de prendre le poste était de nature optimiste. Il n'y avait aucun problème quand on l'écoutait », explique un des dirigeants interviewés. Embauché comme directeur général, il est finalement devenu président au bout de quelques mois dans un contexte qu'il était loin d'avoir vraiment imaginé.

Il faut aussi s'interroger sur les risques encourus.

« Les questions à se poser sont : suis-je exposé à des risques sociaux, financiers et environnementaux ? Il faut tout de suite sentir le climat social. Pour cela, il faut regarder s'il y a des préavis de grèves en cours, si beaucoup de cadres ont quittés le navire au cours des derniers mois, si les contrats de travail sont bien ficelés par exemple », analyse Jean-Dominique Guiter, PDG de Satas.

Dans un poste précédent, dans une société qui utilisait beaucoup d'encre et de produits chimiques, il a porté une attention toute particulière à l'aspect environnemental. « Beaucoup oublient l'environnement dans la cartographie des risques. C'est pourtant essentiel dans une société industrielle. Il faut avoir envie d'effectuer une mise en conformité dès son arrivée. Ce type de démarche pèsera fatalement de façon transitoire sur votre compétitivité », explique-t-il aujourd'hui.

Autre facteur objectif : le secteur d'activité et la taille de l'entreprise.

Avez-vous envie de travailler dans une grande ou une petite entreprise ? Dans la pharmacie ou dans l'automobile ?

Si certains comme Denis Hennequin n'en font pas des facteurs déterminants de décision, la question est assez controversée.

Yann Marteil, président de Primavista, société spécialisée dans les photos de maternité et de classe notamment, a fait sa carrière entre PME (freelance.com) et grands groupes (Vivendi, Monoprix). Il considère aujourd'hui que c'est dans les PME que ses qualités peuvent le mieux s'exprimer : « Il y a moins de politique interne, les circuits de décision sont plus courts, la visibilité des actions engagées plus rapide. Tout cela me correspond mieux. »

Quant à Marcel Torrents, directeur général de Delta Dore, impossible à ses yeux de prendre un poste dans un secteur mal maîtrisé. C'est même, pour lui, une condition de réussite non négociable : « Quand on a passé comme moi trente-trois ans chez Schneider, on ne peut pas prendre du jour au lendemain la tête de boucheries industrielles et je le dis sans aucune malice. La connaissance d'un secteur vous procure des réflexes indispensables si l'on souhaite vraiment être efficace. Je ne pourrais pas être un bon directeur général de Cartier non plus, je pense. »

Yann Marteil est plus ouvert sur le sujet et il semble bien que, comme le souligne Denis Hennequin, ce soit aussi une question de génération : « Je ne me définis pas comme le spécialiste d'un secteur. Le seul dans lequel j'ai vraiment voulu travailler, c'était l'édition du fait de mes études en khâgne. Cela explique mon passage aux éditions Dalloz, Armand Colin et Dunod. Je me suis rendu compte à cette occasion que dans l'édition comme ailleurs, il y a des contrôleurs de gestion qui ont du poids, qu'il faut construire son budget, etc. Bref, j'ai le sentiment qu'un bon directeur général est avant tout un bon généraliste. En plus, sur le plan personnel, j'ai vraiment besoin de découvrir pour m'amuser. »

Nous constatons que le premier poste de dirigeant est généralement obtenu dans le secteur où l'on a acquis son expérience. Pour les suivants en revanche, les jeux sont plus ouverts.

Mais ces facteurs objectifs que maîtrisent plutôt bien les dirigeants se doublent toujours de paramètres plus psychologiques. Et là, la partie se complique, car les dirigeants sont souvent des personnalités cartésiennes, pas toujours à l'aise avec cette dimension des choses.

Il est ainsi important de se poser deux questions simples avant d'accepter un poste : Ai-je envie d'avoir de telles responsabilités ? Ai-je vraiment envie de travailler à la tête de cette entreprise ? Bref, le plus important est de se connaître !

« Se décider à prendre un tel poste est une question de maturité personnelle. J'avais quarante-cinq ans et j'étais prête à donner le meilleur de moi-même. Certains prennent des risques très jeunes.

Moi, j'ai attendu d'avoir une certaine expérience. Mais je ne me suis jamais formulée les choses ainsi. À cet instant de ma vie, j'ai senti que le véritable risque était de ne pas en prendre », avance Isabelle Capron, directrice générale de Fauchon qui a pris ses fonctions en 2004.

« Il faut toujours avoir en tête que lorsque vous prenez ce type de poste, vous devenez aux yeux de vos salariés et de vos voisins un salopard qui gagne beaucoup d'argent. PDG, c'est un titre honorifique. Tout le monde se dit : qu'est-ce qu'il doit prendre ! Pour peu que vous ayez une belle voiture, une belle maison, il y a tout de suite une suspicion d'argent sale. Les gens oublient la valeur sociale de ce poste. Ils oublient aussi le risque que vous encourez et votre responsabilité pénale. Il faut le savoir avant de se lancer », explique clairement l'un de nos interlocuteurs.

Bref, tout le monde n'est pas fait pour devenir mandataire social plutôt que salarié, et il faut vraiment mesurer les implications d'un tel changement de statut.

Le nouveau dirigeant s'il veut réussir ses cent jours – et le reste de son mandat d'ailleurs ! – doit entrer en fonctions pour de bonnes raisons. Il ne peut faire l'économie d'un travail d'introspection en s'interrogeant sur ses véritables motivations. Il est dangereux d'accepter un poste s'il ne répond pas à ce que l'on cherche et à ce que l'on est à un moment donné de sa trajectoire. Car, soyons clairs, il n'y a pas de mauvais postes. Il y a des contextes plus ou moins difficiles qui correspondent aux envies et aux qualités d'un dirigeant à un instant.

L'un des dirigeants que nous avons interrogés se souvient d'avoir accepté son poste précédent pour de mauvaises raisons : « J'ai accepté ce poste pour une question d'argent. Ce n'est pas une raison suffisante. J'ai été sollicité pendant un an pour rejoindre cette société. Si j'ai accepté d'y aller finalement, c'est parce qu'ils ont multiplié mon salaire par trois ! Je suis arrivé à l'entretien avec une heure de retard. Je n'avais aucune envie de m'y rendre et j'avais d'ailleurs prévenu ma femme le matin que j'y allais pour voir. J'ai rencontré le numéro deux de la société qui venait des États-Unis. Rétrospectivement, je me rends compte que mon retard était un acte manqué. D'ailleurs, je n'avais pas vraiment travaillé l'entretien. Pourtant ils m'ont pris et c'est le même dirigeant qui m'a remercié un peu plus d'un an après que j'ai fait le sale boulot, à savoir licencier 15% des effectifs. J'aurais dû me méfier et refuser ce qui s'est avéré n'être finalement qu'une mission de mercenaire. »

Le paramètre humain est certainement le plus important à prendre en considération et ce dernier ne se met pas en équation. Pas facile donc de l'introduire dans un tableau Excel au moment de trancher.

« Pour la prise de décision pour mon précédent poste, ayant plusieurs propositions, j'ai fait des listes à n'en plus finir avec, d'un côté, les points forts, et de l'autre, les points faibles de chacune des options. Bref, j'ai cherché à rationaliser au maximum ma décision, et pris en compte, entre autres, la notoriété de l'entreprise ainsi que la revalorisation de mon salaire. La décision s'est révélée être une erreur. J'aurais dû suivre mon instinct. Lors de l'entretien d'embauche avec la propriétaire de la société, véritable décisionnaire de l'entreprise, il n'y a eu aucun échange, aucune formulation d'attentes quant au poste de sa part. Sans cet échange, il était impossible d'être en phase. J'étais le sixième directeur général depuis la création de la filiale en 1997 ; c'est cela que j'aurais dû prendre en compte » considère Ann Verledens, aujourd'hui sales and marketing director Europe de Keystone Dental. L'histoire se finira au bout de quatre mois. Alors qu'elle se rend au travail, un coup de fil lui annonce la fin de sa mission au milieu des bouchons. On lui livrera ses effets personnels à domicile dans l'après-midi.

Ann Verledens en a tiré certaines conclusions : « Ce sont des postes qui parfois peuvent se révéler très ingrats. En tant que DG de filiale de groupes étrangers, postes pour lesquels je postule naturellement au vu de mon parcours, tu as la pression des résultats mais peu de pouvoir stratégique. Tu reçois du siège les produits et les directives marketing, sans pouvoir accéder aux leviers de base pour influer le cap. Pourtant, en cas d'échec, tu es responsable. Aujourd'hui, dans le cadre de mes nouvelles fonctions, je dirige des directeurs de filiale, et je suis totalement impliquée dans la mise en place de l'ensemble des leviers stratégiques de l'entreprise. Cela donne sa réelle dimension au poste ».

Il ne peut y avoir de réussite à ce poste sans confiance entre le dirigeant et son actionnaire. Et là encore, on est dans l'intangible. La complicité entre les deux parties est indispensable pour que cela réussisse. En effet, quelles que soient les circonstances, le directeur général aura des décisions lourdes à prendre (acquisitions, réorganisation, développement international, etc.) et aura besoin de l'aval de l'actionnaire. La confiance entre individus est dès lors plus qu'essentielle.

« J'ai accepté la mission parce que le contexte était sain, mais surtout parce que j'avais la confiance de l'actionnaire. Je connais Éric Bismuth, le président de Montefiore depuis vingt ans. Nous avons travaillé ensemble au Boston Consulting Group. Nous partageons ensemble les mêmes valeurs depuis toujours. Cette confiance était fondamentale pour me convaincre de changer de poste. J'avais un poste intéressant dans un grand cabinet avec un bon salaire. Il me fallait cette confiance pour prendre le risque », considère Alain Calmé qui a rejoint Homair en octobre 2011 au poste de président du directoire.

Isabelle Capron parle pour sa part « d'atomes crochus » qu'elle a immédiatement trouvés en rencontrant Michel Ducros, actionnaire majoritaire : « J'ai tout de suite aimé l'homme, ses valeurs et son énergie. Dans ma décision, la complémentarité masculin-féminin a beaucoup joué. Michel est un vrai businessman avec un caractère d'investisseur. Mes points forts sont différents : je sais manager, conseiller et je suis très créative. Nous avions confiance l'un en l'autre et avons fait le pari que nos différences seraient un atout pour réussir. »

Quant à Éric Pinot, ce qui l'a décidé à quitter le groupe Sara Lee pour prendre la tête de Well, c'est la personnalité de Caroline Joubin, du fonds Natixis, aujourd'hui décédée : « Je lui faisais confiance et elle me faisait confiance. Cela change tout. J'ai eu immédiatement une impression de droiture, de transparence. La situation de l'entreprise était difficile, et elle ne me cachait aucune difficulté. J'ai d'ailleurs pu le constater par la suite. En fait, nous étions du même métal. J'ai du mal à l'expliquer, car tout cela est finalement très psychologique. »

Et si malgré la confiance ressentie, le candidat est toujours hésitant, il est important qu'il consulte des proches, dans sa famille bien sûr mais aussi dans son réseau professionnel. Ils vous connaissent bien et leur avis fera souvent pencher la balance du bon côté.

Sollicité par Anne Lauvergeon pour devenir senior executive vice-president mining business group d'Areva à 32 ans (450 millions de chiffre d'affaires et 2 500 salariés à l'époque contre 1,2 milliard d'euros de chiffre d'affaires et 1 200 salariés aujourd'hui), Sébastien de Montessus a consulté rapidement certaines personnes de confiance : « J'en ai parlé à Philippe Guillemot, mon chef chez T&D. Il a été surpris. Il souhaitait m'envoyer en Chine dix-huit mois pour devenir d'abord directeur d'usine, puis responsable du pays pour l'activité. Mais, il m'a dit : "Dans une carrière, il faut un peu de chance et il faut savoir accepter les accélérateurs ; j'ai l'humilité de penser que tu as beaucoup appris en trois ans à mes côtés." J'en ai aussi parlé à un chasseur de têtes qui me suit depuis longtemps. Il m'a dit : "Au royaume des aveugles, les borgnes sont rois." Il savait que c'était une opportunité unique. J'en ai aussi évidemment parlé à mon épouse, car le poste demandait beaucoup de déplacements. Après, je pouvais dire oui ! »

« Y aller ou pas ? » La question semble éloignée de notre sujet des « cent jours ». Elle est pourtant centrale. Les « cent jours » ont toutes les chances de bien se passer si le nouveau dirigeant est en poste pour de bonnes raisons, qu'il a pris en compte certains critères objectifs, mais aussi certains paramètres plus psychologiques. Beaucoup de dirigeants nous l'ont dit : « Tout se joue à ce moment-là ! » Si vous-même ne vous sentez pas véritablement en phase avec le poste et l'environnement, il n'y a pas de raison que ce même environnement se sente en phase avec vous. Dans ce cas, l'effet miroir est impitoyable.

Je faisais partie du board d'Accor depuis dix-huit mois. Je ne me suis donc pas posé la question de la préparation puisque j'avais déjà un point de vue sur l'entreprise. Mais la situation d'un administrateur n'est pas celle d'un dirigeant. J'étais assis dans la voiture en somme sans jamais avoir ouvert le capot ni mis les mains dans le moteur. Il faut bien admettre que cela a certainement été la meilleure des préparations possibles même si rien n'était prévu – j'insiste sur ce point – et que ce sont les circonstances qui m'ont conduit par la suite à la tête de l'entreprise.

D'ailleurs, avant de devenir administrateur, j'ai longtemps dit non. J'avais tellement à faire chez McDonald's où nous avions mis en place une organisation européenne. J'ai accepté pour voir autre chose, pour découvrir une autre gouvernance. Cela correspondait à un moment de ma vie où j'avais besoin de m'aérer, et surtout de continuer à apprendre.

Après dix-huit mois comme administrateur, j'étais vraiment familier des tableaux de bord, des enjeux et de certaines subtilités de l'entreprise.

Denis Hennequin, PDG d'Accor

CHAPITRE II

COMMENT BIEN SE PRÉPARER ?

« Les trois premiers mois passent à une vitesse folle. Il faut donc absorber tout ce que l'on peut avant sa nomination. » C'est le conseil avisé de Pascale Sourisse, directrice générale en charge des activités défense et sécurité de Thales. Il reflète bien le sentiment éprouvé par les dirigeants au cours de cette période où il faut coûte que coûte optimiser son temps.

Le calcul est donc simple : tout ce qui sera fait avant ne sera pas à faire pendant !

Dès que la décision est prise d'accepter un poste de dirigeant, il faut se donner le temps d'apprendre à connaître l'entreprise, de se préparer émotionnellement, physiquement, mais aussi familialement. Car ne vous y trompez pas : quel que soit le contexte dans lequel vous arrivez, vous n'allez pas vous ennuyer et vos journées risquent d'être extensibles à l'infini.

Apprendre à connaître l'entreprise

La situation est fondamentalement différente si vous êtes nommé en interne ou si vous venez de l'extérieur.

Julien Rozet, président du directoire du cabinet de chasseurs de têtes Alexander Hughes a gravi un à un les échelons de l'entreprise familiale avant de prendre son poste actuel : « Il m'a fallu gagner mes galons pour être crédible en interne. Être dirigeant, cela s'apprend et être parachuté sans avoir appris les métiers, le fonctionnement de la société n'aurait eu aucun sens. J'ai donc été chargé de recherche avant de devenir consultant pendant trois ans. J'ai créé certains bureaux du cabinet à cette occasion. Cette montée en puissance nécessitait du temps. » Finalement, ce n'est que l'an passé, cinq années après son entrée dans la société que la gouvernance du groupe a été scindée entre un directoire, dirigé par Julien Rozet, et un conseil de surveillance dirigé par son père, fondateur du groupe.

« Nous avons décidé cela quand nous avons constaté que ma crédibilité était acquise », analyse aujourd'hui Julien Rozet.

Pascal Schuster, PDG de SAG Thepault, société d'infrastructures et de transport d'électricité, était directeur commercial avant d'être nommé PDG de cette société de 300 personnes en France. Il a occupé son poste pendant huit mois avant de prendre la direction du groupe. Ces huit mois ont été une période fondamentale pour se faire une idée précise de la société : « En tant que directeur commercial, je constatais par exemple que notre investissement hasardeux dans l'éolien quelques mois plus tôt affectait les finances du groupe, mais aussi le moral des équipes. On ne peut le savoir qu'en ayant passé un minimum de temps à leur contact. D'un autre côté, j'avais aussi eu le temps de constater le formidable potentiel de l'entreprise. »

Pas besoin d'avoir été salarié de l'entreprise pour bien la connaître et avoir eu donc une préparation optimale. Certains, comme Denis Hennequin, ont eu la chance de passer par la case « conseil d'administration » pour se faire une idée précise de la santé et de la culture de l'entreprise.

C'est le cas de Marcel Torrents chez Delta Dore : « Sous mon impulsion, Schneider a pris des parts dans Delta Dore et j'ai ainsi été au conseil d'administration pendant huit ans. Le fondateur de la société est devenu un ami. Quand il m'a demandé de venir l'aider à la tête de sa société, je connaissais parfaitement les cadres, mais aussi la dynamique de l'entreprise. »

D'autres, comme Xavier Fontanet par exemple, président d'Essilor, ont eu l'occasion de découvrir l'entreprise en y intervenant comme consultants dans un premier temps. La configuration, assez classique, est tout à fait idéale puisqu'il s'agit alors pour le consultant en stratégie de mettre en application ce qu'il a proposé.

Reste que ce n'est pas parce que l'on vient de l'intérieur ou d'« à côté » que les choses sont forcément plus simples, car, du jour au lendemain, les comportements et les regards changent à votre égard.

« Quand j'étais directeur commercial, on passait me voir pour parler de tout et de rien. Aujourd'hui, l'informel a disparu. Les salariés viennent avec des messages, des demandes. La transition n'est pas évidente à gérer humainement », constate Pascal Schuster.

Comprendre les enjeux

Il est important de comprendre très vite les grands enjeux à venir notamment en matière de stratégie. Un dirigeant doit rapidement saisir les problématiques de son secteur, mais aussi le positionnement de ses concurrents. Son objectif doit être, au regard de l'histoire, des qualités, mais aussi des faiblesses de sa société, d'envisager un positionnement unique, distinctif.

Beaucoup se font accompagner dès les premiers mois dans cette démarche afin de prendre de la hauteur et de gagner un temps précieux. Mais cette démarche ne doit en aucun cas remplacer l'information que l'on peut recueillir sur le sujet auprès de son conseil de direction, de son conseil d'administration ou de son conseil stratégique par exemple.

Consulter les comptes

Lorsqu'on vient de l'extérieur, la connaissance de l'entreprise passe avant tout par l'épluchage des comptes des dernières années. « J'ai pu consulter les comptes avant ma prise de fonctions et j'ai compris que la situation économique était vraiment compliquée. Mais cela ne m'a pas dissuadé. Je savais en effet que le savoir-faire des équipes était immense et que la marque avait un réel potentiel. Le business model était bon, les chiffres m'ont juste permis de comprendre qu'il y avait un enjeu de gestion à relever », explique Éric Pinot, directeur général de Well entre 2006 et 2010.

Combien d'années de comptes sont-elles nécessaires pour se faire une idée précise ? « J'ai demandé à voir les comptes de nos différentes structures juridiques sur cinq ans », indique Anne-Christine

Arnould, présidente d'Expedia entre juillet 2009 et décembre 2010. Mais cela n'est pas la règle.

L'un des patrons interviewés a pris à son arrivée la tête d'une société en bonne santé et n'a pas eu besoin de se replonger si loin dans les résultats : « La société avait un résultat d'exploitation très élevé. C'était une vraie Ferrari. Dans ce cas, pas besoin de faire une enquête sur plusieurs années. Je pense en revanche que lorsque la situation est plus difficile, il faut essayer de comprendre les grandes tendances sur le long terme »

Dans les coulisses de la comédie humaine

Pour connaître l'entreprise, il y a les comptes bien sûr, mais il y a aussi les hommes et les femmes.

Il est bon, autant que possible, d'en rencontrer certains, en amont, en accord avec l'actionnaire. Cela permet au nouveau dirigeant d'avoir un regard de terrain sur la société.

Le témoignage de Virginie Morgon qui a quitté la banque Lazard pour rejoindre la société d'investissement Eurazeo est très éclairant sur ce point : « J'ai rencontré tout d'abord tous les membres du comité de direction, mais ce n'est pas à ce niveau que l'on apprend le plus. Durant mon préavis chez Lazard, j'ai rencontré les équipes ce qui a été fondamental dans ma compréhension de l'organisation. Je quittais une société composée de talents exceptionnels, de véritables mécaniques cérébrales avec des réseaux inégalés. Je me posais certaines questions sur la qualité des équipes que j'allais trouver. J'ai été immédiatement rassurée. Les entretiens avec le comité de direction m'avaient donné un aperçu des enjeux en cours et des projets de développement. Mais c'est en discutant avec les équipes que je me suis fait une idée des relations entre les gens. Avec eux, je me glissais derrière le rideau pour découvrir l'envers du décor. J'étais dans les coulisses ! C'est ainsi que j'ai découvert de vrais dysfonctionnements dont personne ne m'avait parlé jusqu'alors : les prises de risques étaient grandes, mais les équipes travaillaient en silos ; deux responsables d'investissement ne s'adressaient pas la parole, ce qui était pénalisant pour l'ensemble de la société.

J'ai donc compris avant même d'entrer en fonctions que mon rôle serait de créer du lien entre individus, ce qui convient bien à ma personnalité et à ce que j'aime faire. »

Entrer en contact avec des postulants au poste en interne avant de débuter est aussi une bonne façon de déminer le terrain et de voir s'il sera possible de travailler ensemble. « J'ai rencontré de façon anticipée quelques managers, notamment les candidats qui visaient mon poste. Les entretiens ont duré assez longtemps. Pour moi, c'était une façon de briser la glace. Je les ai beaucoup écoutés et j'ai pu m'appuyer sur eux dès le premier jour. Ils sont à des postes-clés dans mon organisation. Attention cependant, le jeu est à double tranchant. Il ne s'agit pas de laisser croire que vous vous faites dicter votre conduite parce que vous êtes à l'écoute », se souvient François-Philippe Pic, président de Mondial Assistance France.

Avant de commencer, il est donc important d'obtenir, quand le délai le permet, le maximum d'informations sur la société grâce aux comptes, mais aussi grâce aux équipes. Cela permet d'arriver le premier jour dans un cadre presque familier. C'est toujours cela de gagné.

La préparation émotionnelle et physique

« Il est suicidaire de nommer quelqu'un qui ne s'est pas préparé émotionnellement aux enjeux de ce poste. On peut être un très bon directeur financier, un excellent directeur commercial, mais un très mauvais dirigeant. Sans préparation, les risques sont multipliés surtout quand le leadership n'est pas un point fort », considère Sylvie Gilbert, coach chez Dirigeance, cabinet spécialisé dans la préparation et l'accompagnement des dirigeants.

Le nouveau dirigeant, surtout lorsqu'il s'agit de son premier poste à ce niveau, doit faire l'effort de prendre du recul et d'anticiper ce qui lui sera demandé en plus dans ces nouvelles fonctions. Il doit prévoir notamment la multiplication des décisions lourdes qu'il devra prendre au quotidien, la solitude inhérente à la fonction, les enjeux de représentation et de leadership, etc.

Il doit profiter des semaines avant son entrée en fonctions pour faire cet effort de visualisation et d'anticipation. Le coaching peut l'y aider. La rencontre d'autres dirigeants amis peut aussi être intéressante pour se préparer à ce qui l'attend.

Ce sujet est particulièrement prégnant en cas de nomination en interne. « Les dauphins ont souvent une conscience faible de ce que cela implique de devenir dirigeant. Pour eux, trop souvent, il s'agit d'un simple changement de titre sans véritables implications internes et externes. Ils ne comprennent pas toujours que leur nouvelle fonction va induire un changement de vie, de posture », analyse Jean-Pierre Beaudoin, président d'i&e, groupe spécialisé dans les stratégies d'opinion. Cette préparation émotionnelle n'est pas vraiment la tasse de thé des dirigeants. Beaucoup ne se sentent pas concernés par cette séquence. Rétrospectivement certains le regrettent...

Gare à sa condition physique !

Il faut aborder ses cent premiers jours en athlète. Vous ne ferez pas de tours de stade bien entendu mais il va vous falloir une certaine résistance pour endurer l'épreuve.

Dans les semaines qui précèdent l'entrée en fonctions, il est donc nécessaire, quand cela est possible, de s'aérer pour prendre des forces. À chacun sa préférence en la matière : « Un mois avant ma prise de poste, je suis partie en famille avec notre bande de copains et avec des documents sur la côte atlantique à Vensac. Mon programme était simple : boulot, balades dans les dunes et surf. J'avais à la fois besoin de m'immerger dans mon nouveau job et de me revigorer. Les échanges que j'avais eus avec le siège de Seattle laissaient présager un rude challenge, tant sur le plan physique que moral », considère Anne-Christine Arnould, ex-présidente d'Expedia.

Éric Pinot a pour sa part préféré partir skier trois semaines : « J'avais beaucoup travaillé sur le dossier de la vente des textiles de Sara Lee dans mon ancien poste. J'étais las. J'avais une certaine sérénité puisque je connaissais mon avenir, mais j'avais vraiment besoin de souffler pour repartir plus fort. »

L'enjeu est de taille : il s'agit tout d'abord d'être prêt physiquement au défi des longues journées à répétition et au stress de la prise de décisions permanente. Il s'agit également de donner une image de vous, en ligne avec vos ambitions. Votre physique et votre présentation sont ce que vos équipes vont voir en premier. C'est sur ce contact originel que se fondera leur première impression qui les marquera durablement. « Vous ne pouvez pas arriver blafard, fatigué et mal fagoté. Il faut avoir belle allure, car l'apparence fait partie intégrante de la fonction », avance à juste titre Jean-Dominique Guiter.

Et la famille ?

Elle est un pilier de votre équilibre. Ce pilier peut vaciller au cours des Cent Jours au risque de vous faire trébucher. Les dirigeants n'aiment guère parler de ce sujet qui est souvent un talon d'Achille. Ils savent en effet que ce type de poste met à l'épreuve la vie familiale et que le discours sur le thème : « Je privilégie la qualité par rapport à la quantité » n'est que factice. Tous culpabilisent d'une certaine façon et le reconnaissent à leur façon.

La famille doit être une alliée plus qu'un obstacle à l'aventure, ce qui nécessite, avant la prise de fonctions, quelques mises au point. « Mon entreprise est à Aix-en-Provence et j'ai quatre enfants. Je pensais qu'aller dans le Sud ferait plaisir à mon épouse, mais elle était sur le point d'être titularisée dans l'Éducation nationale. Je ne voulais pas compromettre mon équilibre familial. L'actionnaire voulait que je sois sur place toute la semaine, ma famille voulait me voir. On a donc trouvé un compromis : je vis loin de la maison quatre jours par semaine. J'ai beaucoup appris de mon expérience de direction générale précédente. À l'époque, nous n'avions pas d'enfants et avions déménagé dans la région de Tours, près de l'entreprise. L'expérience n'avait duré qu'un an.... J'ai compris depuis qu'il ne fallait pas tout modifier d'un seul coup. Il est plus prudent d'avancer pas à pas », explique Alain Calmé, président du directoire d'Homair.

De son côté, Sébastien de Montessus, père de trois jeunes enfants, a demandé à « ne pas être limité sur ses jours de congé » avant de s'engager. Une requête acceptée par Anne Lauvergeon : « Je savais que j'allais passer trois semaines par mois à l'étranger. Cela sous-entendait une gestion familiale différente. Aujourd'hui, je vois ma famille tous les week-ends et je prends toutes les vacances scolaires. C'est capital, car je sens qu'après quatre semaines, une distance se crée. Ils vivent leur vie sans moi, avec leur mère, leurs copains. Au bout de deux à trois jours de congé, je retrouve ma place. »

Pour que l'équilibre soit réel, c'est-à-dire qu'il satisfasse le parent dirigeant, mais aussi sa famille, celle-ci doit comprendre le sens de cet investissement.

Bruno Carbonaro est directeur général de Fives Nordon, société de tuyauteries complexes dans l'énergie (900 salariés, 130 millions d'euros de chiffre d'affaires), localisée à Nancy.

Il constate : « Quand j'ai accepté ce poste, nous vivions en région parisienne. J'ai deux enfants de 11 et 16 ans. Mon épouse avait repris son emploi d'infirmière pendant la période de chômage que j'avais connue (quatre mois). Quand j'ai pris mes fonctions à Nancy, la société était en difficulté, l'enjeu était de taille. Je savais que j'allais travailler plus qu'à 100 % et je n'avais aucune envie de faire subir ce rythme à ma famille. Je "commutais" le week-end entre Paris et Nancy, ce qui est épuisant à la longue. Je travaillais entre 60 et 70 heures par semaine et de 2 à 10 heures le week-end. Il fallait en plus ajouter entre 6 et 12 heures de train. Remplacer le quantitatif par le qualitatif, c'est facile à dire. La plus jeune me le rappelait souvent. Nous avions déjà déménagé de Rennes à Paris, il fallait maintenant partir pour Nancy et tout était de ma faute pour elle. Elle me faisait ressentir qu'elle m'en voulait de ne pas être resté dans ma précédente entreprise. Ma famille m'a rejoint, quand la situation s'est éclaircie. Aujourd'hui, nous sommes tous à Nancy et elle voit que ce n'est pas la plaine sibérienne. En plus, elle me voit heureux et je crois que c'est cela le plus important. »

Les paramètres d'une bonne préparation aux cent jours sont donc multiples. Pour réussir, aucun ne doit être négligé. L'enjeu est de taille, car il n'est pas rare que la période de préparation soit courte, parfois même inexistante (quelques jours). Il est bon en tous les cas de les avoir en tête avant d'être véritablement à la barre.

Vous pouvez faire les stratégies d'acquisitions, les business plans que vous voulez, une entreprise, c'est avant tout des hommes et des femmes. Il faut tout de suite vous confronter à cette réalité et sortir de votre tour d'ivoire.

Pour comprendre la société, il était primordial d'aller tout de suite à la rencontre des équipes pour se faire une idée de leur moral, de leur motivation, de leurs ambitions, mais aussi de leurs craintes.

Je me suis donc beaucoup baladé dans les étages de notre siège, dans notre centre historique à Évry également, accompagné de la directrice des ressources humaines.

J'ai aussi énormément voyagé. Je voulais voir les gens sur leur lieu de travail. J'ai d'ailleurs annulé le management committee (250 personnes) qui m'aurait permis de rencontrer très vite en France nos dirigeants étrangers. La formule ne me paraissait pas adaptée pour apprendre à nous connaître. Quels feedbacks aurais-je eu avec autant de monde ? Comment aurais-je pu me faire une idée de leur façon de réfléchir, de travailler ? Qu'allais-je leur dire si rapidement ? Je ne suis pas quelqu'un qui marche sur l'eau, j'ai besoin d'écouter avant de m'exprimer.

Je suis donc allé en Amérique latine, en Inde, aux États-Unis. J'ai partagé mon temps entre présentations diverses de stratégie et visites d'hôtels.

Même après trois mois et ces nombreuses rencontres, j'étais incapable de dire : « J'ai vu la lumière ! » J'ai bien quelques idées de là où je veux aller, mais rien n'est figé. Heureusement d'ailleurs.

Denis Hennequin, PDG d'Accor

CHAPITRE III

LES PREMIERS PAS (1re PARTIE) : COMPRENDRE LES ATTENTES

Sébastien de Montessus, à la tête de l'activité mines chez Areva, n'est pas d'un naturel angoissé.

Jusqu'alors directeur de la stratégie, du business développement et du marketing de l'activité transmission et distribution du groupe, il a bachoté dans les semaines précédant sa prise de poste pour se donner toutes les chances de réussir. Il s'est ainsi plongé dans les trois budgets précédents et dans les résultats des différentes mines, celles du Niger et du Canada : « Je voulais comprendre les écarts. Je découvrais un nouvel univers, c'était passionnant », explique-t-il aujourd'hui. Tout cela entre 21 h et minuit, alors qu'il était toujours en fonctions dans son poste précédent. Il s'est aussi fait aider par un cabinet de conseil en stratégie afin d'avoir quelques clés de lecture d'un secteur qu'il ne connaissait pas du tout : « J'ai passé une après-midi avec eux pour comprendre les ficelles de ce business. Cela m'a plu. C'est d'ailleurs ce cabinet qui m'a accompagné lors des Cent Jours pour m'aider à construire mon plan stratégique. »

Malgré cette préparation de qualité, Sébastien de Montessus n'en était pas moins crispé à la veille de prendre son poste : « C'était mon premier poste de dirigeant. Je me souviens que ce premier jour m'inquiétait. J'avais du mal à me le représenter. Qu'allais-je faire en arrivant dans nos bureaux à Vélizy ? Jusqu'à présent, je n'avais qu'à suivre le tempo. Subitement, c'était à moi de le donner. »

Éric Pinot est plus expérimenté. Pas d'angoisse particulière avant de prendre son poste de directeur général chez Well. Il a d'ailleurs préparé sa liste de personnes à rencontrer qu'il a donnée à sa nouvelle assistante dès 9 heures. Après, coup de théâtre ! Alors que le conseil d'administration le nomme à son poste, il doit faire face à sa première opposition syndicale : « C'était mon baptême du feu. Nous étions en visioconférence et nous découvrions les syndicats qui manifestaient dans notre usine du Vigan (Cévennes). Certains syndicalistes étaient aussi entrés dans notre salle de réunion.

Au moins, je savais à quoi m'attendre ! »

Ces deux exemples montrent une chose : il est légitime d'anticiper ses premiers pas, même s'ils ne se passent pas toujours comme on le souhaite.

Pour ne pas se laisser décontenancer par les événements et par le poids des responsabilités, il est bon de se fixer quelques objectifs : les premiers pas doivent servir à comprendre les hommes, à comprendre l'histoire de la société et à installer son style (ce que nous verrons dans le chapitre suivant).

Comprendre les hommes

Pour Cyrille Grandjean, actuel directeur général délégué de la CGC (groupe CECAB) et ancien directeur général de Melitta France : « Les deux sujets importants en arrivant, ce sont les personnes et l'historique. Pendant les premières semaines, j'ai donc rencontré beaucoup de cadres en compagnie de mon comité de direction ou avec un responsable de la fonction correspondante. »

Les rencontres avec les équipes sont certainement la partie la plus chronophage des Cent Jours et il n'est bien sûr pas question d'en faire l'économie. « J'ai passé 80 % de mon temps à rencontrer les équipes durant cette période. J'étais toute la journée dans les cuisines, dans les hôtels », se souvient Isabelle Proust, ex-directrice générale du groupe Bernard Loiseau entre 2003 et 2009. Il faut dire que le suicide du fondateur quelques mois plus tôt avait été un terrible traumatisme pour les équipes : « Il y avait un grand besoin de dialogue. J'ai beaucoup écouté et appris au cours de cette période. »

Mais le constat est le même quel que soit le contexte : un nouveau dirigeant passe au moins 50 % de son temps auprès des équipes dans ses cent jours si l'on se réfère à notre enquête. Cette phase est indispensable pour s'imprégner de la culture du groupe, de sa dynamique, mais aussi pour comprendre les envies et les craintes des uns et des autres. Sans compter que vous donnez aussi à cette occasion une première image de vous, si importante pour la suite.

« Il faut rencontrer tout de suite les équipes dans tous les pays. Il est capital de comprendre ce qu'elles font, mais aussi d'incarner le changement. À ce stade, il est important d'être en position d'écoute, de poser des questions auprès de la population la plus large. C'est souvent au cours de cette période que vous recueillez le plus d'informations directes sur la société », explique Thierry Falque Pierrotin. Quand il a pris les rênes de Kesa Electricals début janvier 2009, il a ainsi fait le tour des magasins Darty ainsi que des call centers de la Darty Box par exemple. « Pendant ces premiers mois, je n'étais jamais au siège. Mais on a bien le temps d'y être par la suite », considère-t-il.

Comment optimiser ces prises de contact avec les équipes ?

Il est bon de préparer les rencontres que vous allez avoir et de vous inscrire d'ores et déjà dans une perspective de diagnostic.

François-Philippe Pic, président de Mondial Assistance France qui a rencontré près de trente-cinq N-2 en tête à tête d'une heure pendant les premières semaines leur a transmis au préalable un questionnaire qui comprenait deux questions sur le passé et deux sur le futur : « Les faire parler du passé m'a permis d'emmagasiner énormément d'informations sur le métier et la société ; quant à la discussion sur le futur, elle m'a permis de voir comment chacun se projetait dans l'avenir. Ces entretiens m'ont aussi permis de cibler très vite les dysfonctionnements : trente m'ont dit qu'il fallait changer d'organisation et vingt m'ont indiqué qu'il fallait veiller au climat social. »

Ces rencontres peuvent se doubler d'un diagnostic social confié à un consultant extérieur. « J'ai demandé dès le départ à une psychosociologue que je connais depuis trente ans de venir m'aider pour comprendre l'état d'esprit des salariés. Elle a fait un constat qui m'a été très utile pour la suite : ils avaient une culture de l'effort, mais pas du résultat. Ils n'avaient par ailleurs aucune réticence au changement, ce qui était très positif », explique Marcel Torrents, directeur général de Delta Dore qui a aussi mené en parallèle un diagnostic stratégique de la société.

Sylvie Gilbert, coach associée chez Dirigeance, cabinet spécialisé en accompagnement des dirigeants a l'habitude de ce genre de missions et en souligne les bénéfices pour le nouveau dirigeant : « Nous conseillons au dirigeant de rencontrer lui-même ses collaborateurs, mais de mener aussi un diagnostic externe en parallèle. Lors d'un entretien avec un nouveau directeur général, un cadre a du mal à être transparent. Il choisit ses mots, ses thèmes en se demandant toujours si cela ne va pas un jour lui porter préjudice de s'exprimer trop franchement.

Un consultant ou un coach externe recueille les témoignages sous le sceau de la confidentialité. Il est le plus à même à faire remonter aux oreilles du nouveau dirigeant la réalité du terrain. Dans ce type de mission, nous avons souvent des avis sur le dirigeant précédent : "très bon commercial, mauvais manager", "il prenait ses décisions tout seul sans écouter les autres", "il a échoué sa dernière externalisation". Ces considérations évoquent en creux ce que l'on attend du nouveau dirigeant. »

Ces rencontres peuvent être structurées. Elles peuvent aussi prendre une tournure moins formelle. Anne-Christine Arnould a ainsi envoyé, dès son arrivée chez Expedia, un e-mail à une centaine de cadres pour les inviter à discuter sans obligation : « Cela permet de sentir le terrain. Cela permet aussi d'identifier très vite ceux qui vont vous tester, voire vous tirer dans le dos et ceux sur qui vous allez pouvoir compter. J'ai pu constater dans la pratique que ceux qui prennent rendez-vous en premier sont les enthousiastes et les grincheux. Les autres prennent leur temps. »

Certains dirigeants aiment participer à l'improviste à des réunions de service auxquelles ils ne sont pas forcément conviés. D'autres, comme Robert Aydabirian, ex-président du directoire de la société de services informatiques Osiatis, ont pour habitude de manger à la cantine pour être au milieu des équipes et comprendre leurs attentes : « À chaque fois, il faut identifier un groupe différent pour discuter avec le plus de monde possible », conseille-t-il.

Le droit aux questions candides

En entrant en fonctions, le nouveau dirigeant a le droit de poser des questions candides. Les équipes sont alors d'une grande indulgence et les questions apportent souvent des informations, bien au-delà de la stricte réponse.

« J'ai demandé au responsable des contrats aériens si c'était vraiment important de travailler avec Air France. J'ai aussi demandé au facility manager si c'était vraiment important de rester dans le XVIIe arrondissement », explique Anne-Christine Arnould (Expedia). Son but : mieux comprendre la société, mais aussi mettre à l'épreuve ses interlocuteurs. « C'est un excellent moyen pour obtenir de vraies réponses, mais aussi pour que chacun se remette en question. En rentrant dans leur intimité, on les pousse à s'interroger sur l'essence même de leur métier et sur celle de leurs décisions passées », analyse dans le même sens Virginie Morgon (Eurazeo).

Autre vertu de ces questions que l'on ne peut s'autoriser décemment que pendant l'état de grâce du début de mandat : identifier ses soutiens. « Ces questions ne sont pas de la provocation, mais de la recherche d'informations sur les métiers et... sur les hommes. À ce poste, tout le monde ne vous attend pas à bras ouverts. Certains vont répondre avec bienveillance, d'autres vont lever les yeux au ciel. Tout ceci est utile pour comprendre l'état d'esprit des uns et des autres à votre égard », considère Jean-Dominique Guiter (Satas).

Prendre le temps de rencontrer les équipes est le point commun de toutes les entrées en fonctions réussies. Les clients sont aussi des acteurs primordiaux pour comprendre son environnement et bâtir un diagnostic de qualité. Mais nous ne les mentionnerons pas dans ce chapitre. Beaucoup de dirigeants recommandent en effet de prendre un peu de temps avant d'aller à leur rencontre (*cf.* chapitre IX).

Comprendre l'histoire

Gare aux dirigeants pétris de certitudes qui ont eu des succès dans leurs fonctions précédentes et qui souhaitent appliquer telles quelles leurs recettes sous prétexte qu'elles ont fait leurs preuves.

C'est un cas assez classique. Nous avons eu l'occasion d'en croiser au cours de notre enquête et également dans nos fonctions de consultants. Généralement, ils nous contactent au bout d'un an ou plus pour solliciter un diagnostic de la situation. Ils souhaitent alors redonner un élan à leur société. Souvent malheureusement, le mal est fait et leur conduite initiale a rendu impossible toute confiance, toute dynamique vertueuse.

Se présenter comme un « sachant » omniscient confine à l'arrogance, voire au mépris.

Quelle que soit la situation, quelle que soit l'urgence à laquelle est confronté le dirigeant au moment de sa prise de fonctions, il doit se pencher sur l'histoire de l'entreprise. Impossible en effet de réfléchir au futur si l'on n'a pas pris le temps de se pencher sur les leçons du passé. Impossible aussi de comprendre une organisation si l'on ne fait pas cet effort.

Comme le résume très justement Anne-Christine Arnould : « L'histoire ouvre notamment au langage commun des équipes (surtout les plus anciennes) et des baronnies diverses. »

Comment faire pour comprendre l'histoire ?

Dans certaines sociétés qui existent depuis de longues années, la mission est simple : il suffit en somme de se plonger dans les archives.

C'est ce qu'a fait par exemple Isabelle Capron en prenant la tête de Fauchon : « Notre marque a la chance d'avoir un passé. Elle a un patrimoine de produits, d'archives. Je m'y suis plongée en arrivant pour comprendre le style Fauchon et l'ADN de la marque. Quand on regarde les produits du début du siècle, on constate que, dès cette époque, Fauchon incarne la modernité, le glamour, l'extravagance. Ce n'est pas une marque de retenue, et il faut avoir cela en tête avant de vouloir faire évoluer quoi que ce soit un siècle plus tard. Dès la fin du XIXe siècle, Auguste Fauchon parle de "produits alimentaires de qualité supérieure", un concept pas si éloigné de celui d'aujourd'hui ("le luxe alimentaire français contemporain"). Il parlait aussi déjà de produits que l'on ne trouve "nulle part ailleurs", de "produits uniques". »

Pour d'autres, il faut savoir observer et écouter les « historiques ». Certains salariés, pas toujours les plus gradés d'ailleurs, sont présents depuis vingt ou trente ans dans l'entreprise et en sont sa mémoire. Il faut absolument savoir les identifier et les écouter avant d'agir.

C'est ce qu'à fait par exemple Alain Chamla, ancien président du directoire de France Champignon : « Je me suis beaucoup appuyé sur l'ancienne secrétaire générale. Elle connaissait et incarnait l'histoire de la maison. Elle était en poste depuis plus de vingt-cinq ans et avait connu tous les épisodes. Je lui ai demandé de s'ouvrir comme une fleur. J'avais besoin de l'entendre, d'apprendre du passé. Elle m'a appris à gérer les coopérateurs qui ne sont pas une population facile. Elle m'a aussi introduit dans le milieu politique local auprès de deux députés, du maire, du président de région qui avait cautionné certains de nos prêts. Il y avait certaines choses qu'elle était la seule à connaître. »

Mais l'« ADN d'une société » pour reprendre l'expression d'Isabelle Capron, c'est aussi sa culture qui se traduit par exemple dans son vocabulaire et dans certains usages. Si vous ne connaissez pas les codes d'une société, il vous sera bien difficile de décider dans la sérénité.

« Je n'avais jamais vu une entreprise qui utilisait autant d'acronymes. Au début, j'entendais des phrases complètes d'abréviations incompréhensibles. L'urgence en arrivant est d'entrer dans le système de références de l'entreprise. J'ai fait par exemple rajouter dans le document qualité, sorte de glossaire de la société, près de quatre-vingts mots au bout de quelques mois. Il faut s'imprégner de ce référentiel avant de vouloir changer les choses », conseille Jean-Dominique Guiter (Satas).

Certains codes sont intangibles, car ils appartiennent au patrimoine de la société. Vouloir les modifier sous prétexte de modernisme n'est pas toujours une bonne idée. « Certaines sociétés sacralisent la fonction présidentielle et il ne faut pas chercher à changer les choses trop rapidement. Par exemple, lors de ma dernière expérience, les collaborateurs n'avaient pas accès à l'étage du président. J'ai voulu mettre fin à cela et c'était une grave erreur. J'ai choisi de m'asseoir à côté de mon chauffeur et de m'adresser de façon très directe à mes équipes. En cherchant à rapprocher la direction générale du terrain et à responsabiliser mes équipes, j'ai cassé le mythe du patron tout-puissant et inaccessible. Il ne faut pas casser les mythes, ils font partie de l'histoire de la société », explique un de nos dirigeants interrogés.

Comprendre les hommes et l'histoire sont des prérequis à l'action. Très vite, c'est dans vos premières actions – aussi symboliques soient-elles – et dans vos premiers succès que vous allez dessiner les contours de votre propre style.

Durant cette période, il faut faire très attention aux signes que l'on envoie. Vous ne vous en rendez pas forcément compte, mais vous êtes observé à la loupe. Si je m'assois à côté du directeur général délégué en réunion et que je ne lui dis pas un mot, le bruit va courir : « Ils se font la gueule ! »

Tout est sujet à interprétation. J'aime par exemple manger à la cantine. Je l'ai toujours fait et cela s'inscrit donc dans aucune stratégie. Je n'avais pas mesuré l'émoi que cela susciterait chez Accor. Certains ont dit : « c'est de la démagogie » ; d'autres ont pensé : « sympa le nouveau patron ! »

Rien n'est neutre dans ce que je fais : ma façon d'entrer dans le hall, de dire bonjour ou pas aux hôtesses, de choisir tel lieu de réunion plutôt qu'un autre, tout devient important. Je crois qu'il faut savoir rester soi-même, ne pas trop réfléchir à tout cela mais en avoir conscience.

Tous ces éléments fondent un style finalement. Au bout de six mois, je serai intégré au papier peint. Les gens n'y feront plus attention.

Denis Hennequin, PDG d'Accor

CHAPITRE IV

LES PREMIERS PAS (2e PARTIE) : IMPOSER SON STYLE

Ainsi, la prise de fonctions passe par une phase d'observation et d'écoute. Ellc passe également par certaines actions qui vont marquer durablement les esprits et refléter votre style de leadership.

On peut distinguer trois types d'actions : les actions symboliques qui sont des actions-messages, les évolutions de process qui reflètent votre fonctionnement managérial et les « quick wins », premiers succès qui serviront à asseoir votre légitimité.

Ces trois types d'actions sont les premiers jalons de votre réussite future.

Les actions symboliques

Denis Hennequin l'explique fort justement. Quand vous devenez dirigeant d'une société, vous êtes subitement épié en permanence et toutes vos actions, toutes vos paroles sont interprétées. Chacun décrypte à sa façon vos gestes les plus anodins, comme s'ils révélaient fatalement une intention. Il est important pour un jeune dirigeant d'intégrer très vite cette dimension.

« J'ai appris très vite à faire attention à ce que je dis. J'évite par exemple le second degré, car tout est interprété, analysé, décortiqué dans la demi-heure suivante. Pas question non plus d'être en retard, de regarder son Blackberry ou de fermer les yeux en réunion. Ma parole a subitement du poids et tous mes gestes sont observés. C'est épuisant, surtout au départ, car j'ai toujours le sentiment de devoir être sous contrôle, et donc de ne plus être vraiment moi-même », avance François-Philippe Pic, président Mondial Assistance France.

Le dirigeant aguerri sait pourtant jouer de cet « effet loupe » pour faire passer quelques messages.

Il y a d'abord le message sur votre nouveau positionnement. Si votre prédécesseur avait un grand bureau au cinquième étage, il n'est pas forcément approprié d'en prendre un petit au second, même si c'est pour être au milieu des équipes. Le plus simple en la matière, si vous ne souhaitez prendre aucun risque, est de prendre tout simplement le bureau de votre prédécesseur.

« Chez Delta Dore, à mon arrivée, je me suis mis dans le bureau du fondateur qui s'est installé dans un bureau à côté. C'est simple et cela signifie beaucoup. Les salariés savent qu'il y a un nouveau chef et cela vaut tous les discours », explique Marcel Torrents.

Alain Calmé chez Homair a fait de même : « J'occupe le bureau du fondateur depuis le début. Nous l'avons partagé pendant deux mois : c'était un message très fort envoyé aux collaborateurs. Dès que j'ai eu le titre de président du directoire, il a quitté le bureau et s'est installé ailleurs. C'était voulu et accepté. Pour les collaborateurs, cela signifie que je ne remplace pas le directeur général précédent, mais que je prends la place du fondateur. Ce n'est pas du tout la même histoire ! Je joue dans une autre catégorie, je rends possibles des choses qui ne l'étaient pas auparavant. Je ne connais pas l'industrie du camping, mais ils savent que je vais les emmener là où il faut. »

Occuper le même bureau ne signifie pas forcément vouloir marcher *stricto sensu* dans les traces du dirigeant précédent. Quelques nuances en matière de décoration notamment font très vite comprendre que votre style de management sera différent.

« Je me suis aussi approprié le bureau. Je l'ai fait repeindre en blanc alors qu'il était plutôt sombre. Il était en bois, j'ai fait mettre des meubles plus modernes, en verre. J'ai gardé en revanche la porte calfeutrée. Cela me fait sourire. J'ai aussi remplacé les lithographies par des photos d'équipes. C'est avec elles que l'on avance ! », explique l'un des dirigeants interviewés.

Choisir des actions qui incarnent votre management

De façon plus générale, quelques actions symboliques doivent permettre de révéler les ambitions d'un dirigeant. Bien sûr, une vision stratégique ne se résume pas à la suppression d'une convention annuelle à Cannes. Il n'en reste pas moins que, à l'heure du bilan, la grande majorité des équipes se souviendra de la fin de ce plaisir et non du fantastique développement que vous aurez su amorcer à l'international par exemple.

Il est donc important de choisir ses actions symboliques et de les faire coïncider avec les futurs axes que vous souhaitez mettre en œuvre.

Pour exprimer par exemple la bonne gestion ou la réduction des coûts que vous allez mettre en œuvre, plusieurs actions sont possibles.

Lorsque Claude de Saint Vincent est devenu directeur général de Dargaud en 1991, la société avait un chiffre d'affaires de 140 millions de francs, mais perdait 30 millions par an. « Dès le lendemain de mon arrivée, j'ai décidé de me séparer du chauffeur que la société mettait à disposition. Je n'en avais pas besoin, surtout dans ce contexte. C'était un poste inutile dans ce contexte difficile et aussi un choix symbolique. Il y a eu d'autres départs dans les semaines ou mois qui ont suivi, ceux du directeur commercial, de la secrétaire générale ou du directeur de la filiale belge ; mais les raisons étaient alors purement professionnelles. Et ces décisions ont été rapides », se souvient celui qui est aujourd'hui directeur général de Média Participations, holding opérationnelle qui gère notamment Dargaud, Fleurus et Lombard.

Éric Pinot est arrivé à la tête de Well dans un moment critique. La société perdait des parts de marché depuis plusieurs années, notamment sur le mi-bas – la part de marché en France était passée de 26,5 % à 18 % en quelques années – et le groupe avait des marges négatives sur ses marques distributeurs qui représentaient 40 % des volumes produits. Il était donc urgent de donner quelques signaux en matière d'optimisation des coûts : « J'ai interdit les trajets en avion dès mon arrivée. Cela valait pour l'ensemble des équipes, moi compris. Tout le monde s'est mis à voyager en train et en seconde. Cela passe très bien dès lors que vous appliquez la mesure à tout le monde. La secrétaire de direction a démissionné. Je ne l'ai pas remplacée, je n'en avais pas besoin. Dans une PME, ce n'est pas nécessaire, d'autant que les nouvelles technologies permettent de vous soulager sur ces questions. Cela fait économiser tout de suite 50 000 euros et surtout, cela se sait. "Le patron n'a pas de secrétaire" : cela donne le tempo. » Dans la foulée s'en est suivie une restructuration inévitable qui a duré près d'un an et demi.

Quand Marcel Torrents est arrivé chez Delta Dore, le groupe avait perdu 15 % de son chiffre d'affaires entre 2005 et 2008 et était confronté à une érosion de sa rentabilité. Le nouveau directeur général a décidé d'emblée de couper le sponsoring voile de la société bretonne. Pendant des années, Delta Dore avait entre autres participé à la course du Figaro et le groupe sponsorisait aussi des courses au large. Le budget sponsoring atteignait quatre millions à l'arrivée de Marcel Torrents... qui a tout arrêté du jour au lendemain alors qu'il annonçait simultanément le gel des salaires. « C'était une mesure forte symboliquement, mais aussi financièrement. Mon message sous-jacent était : Nous devons changer de culture, passer de la culture "on se fait plaisir" à "on se fait plaisir en ayant des résultats". »

Si vous souhaitez au contraire montrer que votre ambition est immédiatement le développement, de rapides opérations publicitaires – pas forcément d'envergure – ou des travaux marqueront votre engagement. « Nous avons immédiatement lancé des travaux dans notre boutique de la Madeleine. Nous l'avons fait passer du musée Grévin au Moma. Cela a donné de la fierté à nos équipes et c'est ce qu'attendaient nos clients », explique Isabelle Capron (Fauchon). La suite ? Une nouvelle identité graphique et une campagne de publicité.

Les nouveaux process

Les process portent souvent la marque du dirigeant. Ils lui ressemblent. Ils participent de la nouvelle culture, des nouvelles priorités et du nouveau tempo que souhaite imprimer le dirigeant à la société.

Dès son arrivée chez Fives Nordon, Bruno Carbonaro a été surpris par la façon dont se déroulaient les comités de direction : « Les patrons de division faisaient tour à tour le point sur leur activité, les réunions étaient longues et assez peu interactives. J'ai donc pris le parti de définir en amont des ordres du jour précis de sorte que chacun puisse se préparer et rebondir sur les différents sujets. Il est fondamental pour moi que ces réunions soient l'objet d'un échange afin que nous options collectivement pour les meilleures solutions. »

Même impression dans l'activité mines d'Areva pour Sébastien de Montessus : « Il fallait très vite réintroduire du management dans les rouages. J'ai tout de suite imposé à l'occasion des revues mensuelles la méthode « bad news first ». À quoi cela sert-il de se dire tout ce qui va, en travestissant la réalité, le plus souvent, d'ailleurs ? Ce n'est pas comme cela que les choses avancent ! »

Quant à François-Philippe Pic, arrivé à la tête d'un groupe en pleine santé, il a vite senti que faire évoluer les process était la façon la plus évidente pour Mondial Assistance France de créer du lien dans l'entreprise et de gagner encore en efficacité : « J'ai instauré un rythme hebdomadaire de réunions avec mes huit N-1. Le pari est simple : plus on se voit, plus on a de choses à se dire. Cela n'a pas été perçu du tout comme une contrainte, au contraire : ils se sont sentis écoutés, valorisés. Le « club de direction » qui rassemble les quarante principaux responsables de l'entreprise se rassemblait deux fois par an. Désormais, nous nous voyons une demi-journée tous les deux mois. Il fallait absolument que tout le monde travaille ensemble. J'ai aussi mis en place quatre groupes sur : le rôle du manager, les conditions de travail, l'organisation, la stratégie et les relais de croissance. C'était une façon de fédérer et d'impliquer le plus de monde possible. »

Au travers de ces process, c'est donc rapidement un style de management qui se dessine. Directif, participatif, il porte la marque de la personnalité du dirigeant. Il porte aussi la marque de son expérience. L'un des dirigeants interviewés, analyse ainsi : « L'entreprise devait retrouver une hygiène de vie corporate. À force de non-dits, d'intuitu personae, elle avait perdu toutes références à la façon dont fonctionne une entreprise classique telle que j'ai pu en connaître dans mon parcours et qui sont des règles de fonctionnement qui servent de points de repères pour chacun. Mon défi managérial était donc de parvenir à insuffler de la normalité à travers notamment des règles simples à respecter. Beaucoup de collaborateurs sont par exemple dans l'affect. Je leur dis que leurs problèmes personnels ne concernent pas l'entreprise, non pas parce que je n'ai pas de cœur mais parce que c'est une forme de respect : l'entreprise doit aussi être une respiration dans leur quotidien. Dans le même ordre d'idées, j'ai changé la gouvernance et nous faisons désormais règulièrement des réunions d'équipe. Je vois tous mes n-1 deux heures chaque semaine. Ils savent les thèmes qui seront abordés au cours de ces réunions et aucun de ces rendez-vous n'est optionnel. »

« Les quick wins »

Pour tout dire, nous aurions préféré employer une autre expression pour évoquer ces succès des premiers temps. Mais « quick win » est le concept spontanément employé par les dirigeants.

L'intérêt de ces succès rapides est simple : gagner sa légitimité, fédérer ses équipes et bâtir son style.

Un dirigeant peut parler autant qu'il veut, décliner des plans d'action à l'envi, s'il ne parvient pas à présenter quelques résultats dans les premiers mois, il aura bien du mal à aller de l'avant.

« Quand je suis arrivée, les équipes me connaissaient de réputation, mais cela ne suffit pas. Pour être respectée et pour inspirer vraiment confiance, vous avez besoin d'aller au combat avec vos équipes et de gagner quelques guerres. Si cela arrive vite, tant mieux. Vous devez poser rapidement des jalons et créer un univers de confiance autour de vous. Les équipes doivent apprécier d'aller au front avec vous. De votre côté, vous devez montrer votre loyauté et les soutenir », explique en ce sens Virginie Morgon, directrice des investissements d'Eurazeo.

Les « quick wins » sont d'autant plus puissants qu'ils révèlent certaines de vos qualités. Commercial hors pair, Damien Guermonprez a toujours mis un point d'honneur à parvenir à signer de beaux contrats dans les tout premiers mois : « Obtenir très vite de grands succès, c'est la meilleure façon d'être crédible. Chez Banque Accord, nous avons décroché une nouvelle enseigne majeure, Leroy Merlin, trois mois après mon arrivée. Chez Buy Way, l'ex-Cetelem belge que j'ai racheté avec un fonds d'investissement, nous avons remporté un appel d'offres avec les grands magasins Inno deux mois seulement après le rachat de la société. Toutes les équipes sentent d'un coup que vous vous investissez à leur côté et que vous êtes là pour apporter de la valeur. Ces succès doivent être partagés et fêtés. C'est l'équipe qui gagne et c'est ce qu'il faut lui faire comprendre ! »

Spécialiste des transactions, Alain Calmé, président du directoire d'Homair, a eu la chance de mener à bien un deal au Royaume-Uni trois mois seulement après son arrivée : « C'était un deal techniquement assez compliqué. L'acquisition est faite aujourd'hui et représente 20 % de notre chiffre d'affaires. Cette acquisition a vraiment marqué mon arrivée. Le fondateur m'a dit que, si je n'avais pas été là, l'affaire ne se serait pas faite. Cela a été capital : l'actionnaire, le fondateur mais aussi les collaborateurs ont compris que j'apportais tout de suite de la valeur. »

Imposer son style, c'est aussi parfois de petites choses comme la fin de la cravate ou encore le port du jeans. Mais attention : à trop vouloir en faire, on peut aussi s'égarer et créer de l'incompréhension plus que de l'inspiration. Le cas de John Sculley arrivé chez Apple comme CEO en 1983 est éloquent. Comme le mentionne Guy Kawasaki dans son ouvrage *l'Art de l'enchantement* (Éditions Diateino), ce dernier est arrivé en jeans alors que son rôle était celui d'un adulte chargé de la surveillance. Conclusion de l'auteur : « Je ne crois pas qu'il ait jamais été à l'aise en jeans et les employés ne l'ont jamais considéré comme l'un des leurs. »

En tous les cas, imposer son style ne se fait pas sans une bonne dose de courage. Votre style et les changements que vous allez initier feront fatalement grincer quelques dents : « Il faut avoir le courage de prendre des décisions très vite. Les nouveaux patrons sont toujours très critiqués », indique en ce sens Virginie Morgon (Eurazéo).

Tout est une question de dosage. Débarquer avec toute son équipe n'est pas un bon message à envoyer en interne. Chez Accor, je suis à la tête d'une entreprise qui a fait ses preuves, où les salariés ont 20 à 30 ans de maison parfois et ont acquis une expérience exceptionnelle : pourquoi s'en priver ? Quel serait le sens d'une telle décision ? Il est capital de faire confiance aux talents dont je dispose en interne. Quelle arrogance de penser que l'on peut se passer de ces salariés qui ont fait l'histoire de la société !

Mais cela ne veut pas dire qu'il ne faut rien changer. Une organisation se construit pour répondre à certaines ambitions à un moment donné de son existence. Il y a toujours un parti pris du leadership qui souhaite privilégier tel axe de développement plutôt que tel autre.

J'ai donc fait venir rapidement du sang neuf dans mon équipe. Un exemple ? Notre marketing était très performant sur la partie distribution. Je souhaitais mener une réflexion sur les marques de notre groupe et j'ai donc demandé à un spécialiste du branding, Grégoire Champetier avec lequel j'avais travaillé chez McDonald's, de nous rejoindre. J'ai aussi recruté une nouvelle directrice de la communication, Agnès Caradec, mais c'était lié à un départ.

Finalement, regardez notre comex aujourd'hui : j'ai conservé énormément de monde et je m'appuie sur un numéro deux, Yann Caillère, qui est un authentique « professionnel de la profession ». J'ai juste ajouté quelques expertises qui nous faisaient défaut.

Il y a urgence à composer son équipe, et c'est certainement l'exercice le plus compliqué des Cent Jours.

Pour bien travailler, un chef d'orchestre a besoin tout de suite d'excellents musiciens. Je suis à la tête d'un orchestre à cordes et je ne sais pas encore jouer de violon. Il me faut donc les meilleurs à chaque poste et veiller à bien définir les fonctions. Je ne crois pas au « management des piranhas » qui consiste à mettre plusieurs carnivores dans un même bocal et attendre qu'ils se déchirent : c'est tout à fait destructeur pour une organisation. Il faut aussi se dire que rien n'est figé : l'équipe mise en place au bout des Cent Jours n'est pas là pour toujours. Elle continuera évidemment à évoluer.

Denis Hennequin, PDG d'Accor

CHAPITRE V

AVEC QUELLE ÉQUIPE ?

Quand Damien Guermonprez a pris la tête de Banque Accord, la division bancaire du groupe Auchan – à ne pas confondre avec le groupe hôtelier homophone –, Gérard Mulliez lui a accordé plus de cinq heures d'entretien, déjeuner compris. Et a conclu par une recommandation : ne jamais partir seul au combat ! D'emblée donc, le jeune directeur général avait le feu vert pour recruter, ce qu'il a fait en accueillant dans son équipe le directeur financier d'une filiale de La Redoute, un directeur marketing et le DRH des magasins Atac. Avec un certain succès puisque son activité a quintuplé en neuf ans, est devenue la quatrième division du groupe et s'est implantée dans une dizaine de pays, dont la Russie et la Chine.

Composer la bonne équipe est certainement le défi majeur du début de mandat.

Cette équipe – nous parlerons dans ce chapitre essentiellement du comité de direction – repose sur de savants équilibres entre compétences diverses, jeunes et moins jeunes, personnels historiques et nouveaux arrivants, hommes et femmes, etc. En la matière, une erreur de casting est un lourd handicap pour les mois qui suivent.

Bien sûr, comme le souligne justement Denis Hennequin, l'équipe que vous aurez mise sur pied au bout des Cent Jours n'est pas l'équipe sur laquelle vous allez vous appuyer tout au long de votre mandat. Elle sera évidemment sujette à évolution, du fait des départs en retraite, des envies des uns et des autres, des performances, etc. Reste qu'au bout de cent jours vous devez pouvoir vous reposer sur une ossature solide, capable de réfléchir à la stratégie à vos côtés, de la relayer et de la déployer dans les mois qui suivent.

Mais avant de composer son équipe, il faut pouvoir répondre à quelques questions : qui veut travailler avec moi ? Avec qui ai-je envie de travailler ? Qui voulait le poste avant mon arrivée ?

Qui veut travailler avec moi ?

La question paraît naïve. Elle est pourtant essentielle. Vous ne pouvez pas travailler avec des directeurs en qui vous n'avez pas confiance. « À un moment, vous sortez votre étendard et c'est “qui m'aime me suive !”. Vous ne pouvez pas perdre de temps avec les états d'âme des uns et des autres », indique Sébastien de Montessus, en charge de l'activité mines chez Areva.

Alain Chamla, qui a pris les rênes de France Champignon dans une situation économique très délicate, a aussi cherché très rapidement réponse à cette question. « J'ai rencontré tous les membres du comité de direction en tête à tête dans les quinze premiers jours après mon arrivée. J'ai décidé d'en garder cinq sur huit. Vu comme cela, cela paraît violent mais tout cela se fait en fait de façon assez naturelle. Certains n'étaient pas au niveau, certains aussi n'avaient pas vraiment envie de poursuivre. Le directeur industriel par exemple était un homme du président précédent. Il était à un an de la retraite. Il était facile de trouver un deal qui satisfasse tout le monde. Avec l'un des managers, il y a eu un moment d'hésitation. C'était un bon professionnel. Je l'ai vu deux fois. La seconde fois, je lui ai dit : “Vous êtes au milieu du gué. Je souhaite que vous restiez mais vous devez vous engager vraiment, sinon cela ne va pas fonctionner.” Il est finalement resté et s'est remotivé. Dans une équipe, il y a bien sûr des questions de compétence mais la motivation est aussi essentielle. »

Évaluer cette motivation n'est pas toujours évident et peut prendre un peu de temps. Il faut accepter de le prendre, car certains malentendus tiennent parfois à la personnalité des individus.

« Le dirigeant doit se garder de juger les gens trop vite ! Certes, il a besoin de se sentir rassuré. Il a besoin de savoir très vite qui sont ses “amis”, ceux sur lesquels il va pouvoir s'appuyer en confiance, et ceux dont il va devoir se méfier. Mais attention, les collaborateurs critiques, dans la mesure où leurs critiques sont objectives et constructives, ne sont pas forcément ceux qui vont vous nuire. Cela n'a rien à voir avec un manque de loyauté, au contraire ! Ce n'est pas parce qu'une personne est d'accord avec vous qu'elle est un relais fiable dans une organisation. Un dirigeant a aussi besoin d'avis critiques pour avancer ! », indique en ce sens Sylvie Gilbert, coach chez Dirigeance.

Avec qui ai-je envie de travailler ?

C'est le pendant de l'interrogation précédente. Certains peuvent avoir envie de poursuivre avec vous – même transitoirement... –, mais vous pouvez ne pas du tout avoir envie de prolonger avec eux. Question de résultats, de personnalité et surtout de confiance.

Côté résultats tout d'abord

« Je me suis tout de suite séparé des responsables de l'activité travaux sous-terrains et de l'activité “postes”. Je les ai remplacés par des ingénieurs d'une quarantaine d'années. Ce dernier choix s'est avéré pertinent puisque le chiffre d'affaires de cette activité a depuis été multiplié par quatre. Avec ces changements, j'ai tranché dans le vif, de façon assez brutale, mais c'était nécessaire. Cela n'a pas été bien compris au départ, mais les salariés n'avaient évidemment pas les mêmes informations que moi. Les résultats me donnent raison aujourd'hui », explique Pascal Schuster, PDG de SAG Thepault au moment de l'interview, aujourd'hui président de SAG France et du groupe Vigitec (1 000 personnes, 125 millions d'euros de chiffres d'affaires).

L'incompatibilité entre personnalités peut aussi être une bonne raison pour abréger la poursuite de l'aventure :

« Je me suis séparé d'un directeur clé au bout de trois mois, ce qui a fait très peur à l'actionnaire. Je ne pouvais pas le garder, car dans mon entourage, j'avais vraiment besoin de cadres qui me disent ce qu'ils pensent, qui aient des opinions, des convictions et qui les partagent. C'est toujours cela qui compte à mes yeux. Si vous parvenez à trouver des hommes et des femmes dont vous partagez les valeurs, qui vous disent ce qu'ils pensent et qui enrichissent votre projet, vous soulevez des montagnes ! », explique ainsi Éric Pinot, ancien directeur général de Well.

Reste enfin le principal : la question de confiance. Sans confiance entre individus, il n'est pas possible de construire des projets communs solides.

« Dès que j'ai été nommé président, après quelques mois dans l'entreprise, j'ai recomposé le comité exécutif. J'ai changé au bout de quinze jours trois personnes qui constituaient la première ligne du président. Je m'étais battu pour les remercier avant le départ du président, mais il les protégeait, gagnait du temps. Un exemple ? J'avais demandé à la DRH de réfléchir à une transformation des contrats de nos équipes de vente. Elle avait mis une telle mauvaise volonté à le faire que j'avais fini par le faire moi-même. Et quand j'ai pris mon poste de président, j'ai découvert qu'elle avait négocié une hausse de 20 % de son salaire avec mon prédécesseur, pendant la période où elle me reportait directement. Ce n'était pas possible de travailler ensemble par la suite », raconte ainsi un dirigeant.

Qui voulait le poste ?

La question est d'importance, car elle permet de comprendre certains comportements initiaux qui peuvent durer si l'abcès n'est pas crevé.

« Il faut connaître très vite les candidats. Cela évite de prendre des coups de couteau dans le dos ou du moins, cela permet de les comprendre. Dans mon cas, j'ai le sentiment que ma nomination a frustré six ou sept personnes en interne. Le problème finalement est qu'on laisse postuler des salariés qui n'ont pas l'étoffe de dirigeants. Il faudrait savoir dire à ces gens : "vous ne serez jamais PDG parce que..." C'est rarement le cas et cela provoque des jalousies, des malentendus. J'ai mis plus de six mois à comprendre qui avait envie du poste. C'est long... La seule chose qui permet de faire oublier la rancœur, ce sont les résultats. Si vous êtes bon, les problèmes ne durent pas longtemps. Sinon, en revanche, vous leur donnez raison », explique ce directeur général, toujours en poste, qui préfère garder l'anonymat sur cette question, encore sensible quelques années plus tard.

Un concurrent n'est pas forcément à écarter comme le montre l'exemple de François-Philippe Pic chez Mondial Assistance France (*cf.* chapitre II). Il faut en revanche comprendre son état d'esprit rapidement et prendre les décisions qui s'imposent. « J'ai eu tout de suite des problèmes avec le directeur financier. Dès le départ, mon prédécesseur m'a prévenu : "il faut qu'il parte, vous ne vous en sortirez pas sans cela !" J'ai attendu quinze jours pour me faire mon idée. Je l'ai écarté, car il était devenu une sorte de directeur général bis et avait accumulé une certaine frustration. Je l'ai remplacé par quelqu'un de l'organisation. J'avais une personne au service financier qui pouvait convenir. », explique de son côté Cyrille Grandjean.

Viser un poste de dirigeant traduit souvent une ambition personnelle, mais aussi un attachement à la société. Le nouveau directeur général peut s'appuyer sur cela à condition de mesurer habilement le degré de frustration de la personne. Si certaines candidatures ne sont que des leviers de négociation ou des candidatures factices n'ayant pour but que de prendre date pour le coup d'après, d'autres sont bien réelles et peuvent parfois conduire à des déceptions insurmontables. Si le ressort est cassé, il est évident que la séparation est la meilleure des solutions pour toutes les parties.

S'appuyer sur les anciens

II faut pouvoir s'appuyer sur les anciens motivés qui ont une expérience de l'entreprise et un vrai savoir-faire. Ils sont essentiels à votre compréhension de la société lors de votre prise de fonctions, comme nous l'avons vu dans le chapitre III. Ils sont aussi essentiels par la suite dans la conduite des opérations.

« En général, nos directeurs généraux sont à la tête d'activités qui fonctionnent. Pourquoi vouloir casser tout cela ? Nous sommes entourés d'hommes et de femmes qui ont une expérience à partager. Cela constitue une valeur énorme et nous le savons. Pas question d'arriver avec des équipes nouvelles par principe qui viendraient compromettre ce bel équilibre », explique Xavier Fontanet, président d'Essilor.

C'est également le choix qu'a fait Jean-Dominique Guiter quand il est arrivé chez Satas : « J'ai conservé tous les membres du comité exécutif. Les résultats ne sont pas dus au hasard. Pourquoi changer une équipe qui gagne ? Dans ma première lettre aux équipes, je l'ai d'ailleurs expliqué. Mon idée était de changer de coach sans changement de cap. »

Et même quand l'entreprise est en difficulté, se priver de compétences internes n'est pas la meilleure chose à faire : « La compétence ne se perd pas dans les difficultés. En plus, je me méfie beaucoup des mercenaires qui viennent pour faire un coup et partir », avance Marcel Torrents, directeur général de Delta Dore.

Un projet se construit dans la durée. Les anciens, par leur attachement et leur expérience, sont bien souvent les garants de cette ambition de long terme.

Sans compter les effets désastreux que peuvent susciter des remplacements malencontreux... Changer les hommes, surtout quand ils sont présents depuis longtemps dans la société, c'est vouloir changer l'histoire. C'est une façon de dire aux équipes : « ce que vous avez fait avant n'était vraiment pas au niveau ! » Une telle décision ne se prend évidemment pas à la légère !

Et si les numéros 2 devenaient numéros 1 ?

Cela ne signifie pas pour autant qu'il ne faut rien changer, que les dés sont jetés pour toujours. Une équipe a besoin de sang neuf pour se régénérer et pour avancer. Ce sang neuf, beaucoup de dirigeants nous ont indiqué l'avoir trouvé en interne. Un changement de dirigeant est en effet un moment très privilégié pour révéler ce type de talent. L'avantage ? Ces profils connaissent la culture maison, ce qui fait gagner un temps précieux. En les nommant, le dirigeant se crée par ailleurs des soutiens fidèles.

Éric Pinot (ex-Well) et Alain Chamla (ex-France Champignon) sont des adeptes de la promotion des n-2 à des postes de direction.

« Très vite, j'ai envoyé un signal avec la composition de mon comité de direction : je n'ai conservé qu'une seule personne du comité précédent et j'ai promu trois n-2 à ce niveau dans les fonctions marketing, à la direction financière et à la direction industrielle.

C'était une façon de dire : “l'entreprise va mal, mais cela ne veut pas dire que vous êtes tous mauvais !” Cela a été très motivant pour l'ensemble des équipes, je pense. Et puis, il faut être rationnel :

pourquoi recruter en externe quand vous êtes en situation d'urgence et qu'un nouveau va mettre au moins six mois à trouver ses marques ? » (Éric Pinot, Well)

Alain Chamla (France Champignon) a fait de même :

« Le directeur des cultures, fonction stratégique dans notre industrie, est décédé au bout de quatre mois. J'ai choisi de promouvoir le numéro 2. J'ai fait pareil avec le directeur informatique. Il voulait monter une chaîne de restaurants bio. Je lui ai demandé de rester comme consultant deux jours par semaine le temps que s'aguerrisse le numéro 2 qui est vite devenu numéro 1. »

Révéler les talents

De façon plus générale, l'interne regorge de talents qui ne demandent qu'à s'épanouir et à être mieux utilisés. Donnez-leur très vite leur chance en les positionnant à bon niveau et en leur ouvrant de nouveaux espaces. Vous aurez très rapidement de bonnes surprises.

« J'ai beaucoup fait évoluer les salariés. J'ai promu par exemple le chef de Saulieu qui ne s'occupait que de la cuisine de ce restaurant. Je lui ai confié la charge de nos deux restaurants parisiens (Tante Louise et Tante Marguerite). La qualité devait être irréprochable et il était le plus à même de relever ce défi. J'ai aussi demandé à l'un de nos sommeliers de travailler à des partenariats et des contrats d'image du groupe », explique Isabelle Proust, ex-directrice générale du groupe Bernard Loiseau.

« Très vite, nous avons donné des rôles de directeur de magasin à certains de nos vendeurs. J'ai aussi redonné un rôle à la directrice de la communication qui avait été mise au placard par la direction précédente et qui m'a énormément aidée à comprendre l'entreprise durant les Cent Jours, pour établir mon diagnostic notamment. Je lui ai demandé par la suite de refaire parler de Fauchon dans la presse française et internationale », avance de son côté Isabelle Capron.

L'arrivée d'un nouveau dirigeant redistribue les cartes et met fin à des querelles souvent vaines. Les personnes en souffrance avec l'équipe précédente auront souvent envie de donner le meilleur d'elles-mêmes. Autant en profiter !

Ne pas abuser des recrutements externes

Cela doit être la règle. Faire venir immédiatement « les copains », les « fidèles » que vous avez pu croiser au fil de votre carrière n'est pas la meilleure des choses à faire. C'est même très souvent un boomerang que vous finirez par recevoir au coin de l'œil une fois l'état de grâce achevé, quand les difficultés commenceront fatalement à se profiler.

Cela ne veut pas dire que vous ne devez pas faire venir des gens de l'extérieur. Au contraire. Mais selon certains critères.

« Chaque élément nouveau doit avoir sa raison d'être et apporter une compétence de plus à l'équipe », analyse Xavier Fontanet. Voilà un sage conseil !

Les nouvelles recrues doivent correspondre à un besoin mal couvert ou non couvert. Bref : elles doivent être indiscutables.

« Je n'ai embauché que deux personnes à l'extérieur : un responsable du développement international et un responsable du développement technique. Le premier a remplacé le neveu du fondateur qui était vu comme mon successeur, mais qui n'était pas reconnu en interne. Son remplaçant, à 53 ans, a passé dix ans à l'international (Asie, Europe). Il est donc crédible et le développement international est notre axe prioritaire », avance Marcel Torrents de Delta Dore.

Quant à Alain Calmé, chez Homair, il a souhaité professionnaliser certaines fonctions à son arrivée en créant par exemple un poste de DRH, pourvu avec une ressource interne. Aujourd'hui, il cherche une ressource externe au poste de spécialiste technique en charge de la maintenance et des travaux neufs. Un poste stratégique pour sa société de mobil-homes.

Parfois, les bons profils sont des « internes-externes », comme les consultants, qui ont eu l'occasion de faire leurs preuves en accompagnant la société.

« J'avais besoin d'un spécialiste du retournement. J'en avais identifié un bon parmi nos consultants, qui nous coûtait une fortune. J'avais besoin de lui, car le retournement n'était pas ma spécialité. Je l'ai intéressé tout de suite au capital. Je ne me suis pas trompé. Aujourd'hui, il a pris ma place à la tête de la société », explique Alain Chamla.

Vite, un séminaire pour le comité de direction !

Une fois l'équipe constituée, bon nombre de dirigeants organisent un séminaire hors les murs, afin que tous apprennent à se connaître et créer ainsi une dynamique. Cette séquence managériale intervient généralement au bout de trois mois. C'est une façon d'envoyer un signal très clair au comité de direction : place au travail en équipe !

« Quand l'équipe s'est stabilisée, j'ai fait un séminaire autour d'un golf en région parisienne. Je l'ai fait animer par un consultant qui a vu chacun individuellement et qui a fait travailler les gens en équipe. On a bien sûr parlé de l'avenir. Mon message était surtout celui de l'esprit d'équipe. J'ai voulu leur dire qu'à mes yeux, il n'y avait pas deux équipes entre nouveaux et anciens, mais une seule. Que nous avions tous besoin les uns des autres pour réussir », explique Alain Chamla (France Champignon).

« Nous sommes partis deux jours en séminaire à la montagne. J'avais besoin d'expliquer mes choix et de créer un esprit d'équipe. Pour réussir, nous devons partager l'information », considère pour sa part Yann Marteil (Primavista).

Au bout des Cent Jours, le dirigeant doit avoir constitué son équipe de direction. Il peut bien sûr y apporter des corrections, des compléments ultérieurement, mais ceux-ci doivent être marginaux. Très vite, cette équipe doit être capable de réfléchir au plan stratégique, de l'incarner, et surtout de le déployer.

Pas de temps à perdre donc ! La tâche doit être prise très au sérieux sans pour autant être dramatisée outre mesure. « Il faut savoir faire confiance aux personnes, qu'elles viennent de l'interne ou de l'externe. Quand vous donnez votre confiance, vous êtes rarement déçu en retour. Je le constate d'expérience », observe ainsi Marcel Torrents.

Le danger est de ne pas avoir la main sur son emploi du temps. Au départ chez Accor, je le voyais se remplir de réunions, d'événements sans que je sois vraiment au courant. C'est terriblement angoissant de ne pas avoir la maîtrise de son temps, et pour tout dire, je ne sais pas travailler dans ces conditions.

J'ai fait venir mon assistante de chez McDonald's, Emma, qui sait comment je fonctionne. Je ne suis pas un adepte des mondanités, des sorties superflues où vous allez vite perdre deux heures. Je n'ai jamais cherché à faire du networking personnel, à fréquenter le beau monde, ce n'est pas ma façon d'être. Je ne suis pas à la recherche de cette reconnaissance sociale.

Ce qui m'intéresse en revanche, c'est mon entreprise et ses métiers. Tout le reste peut attendre, surtout dans les Cent Jours où il y a tellement de choses à faire.

Mais attention, cela ne signifie pas qu'il ne faut pas s'organiser des respirations, y compris durant cette période. J'en ai de deux types. J'aime tout d'abord me ressourcer sur le terrain. Il m'arrive d'embarquer à l'improviste deux collaborateurs pour aller faire une visite d'hôtel. Cela me fait un bien fou et me ramène à l'essentiel. Il faut sortir de son bureau, aller comprendre pourquoi des touristes japonais ont annulé leur visite dans l'un de nos grands hôtels de Paris. C'est le cœur de notre métier !

Mon autre respiration vient de l'extérieur. Pendant les Cent Jours, je continue à voir mes amis, j'ai besoin de les entendre, d'échanger. Et bien sûr j'ai des plages de détente que je ne bouge pour rien au monde : musique le samedi matin, vélo le dimanche matin. Dans ces moments-là, je pense vraiment à autre chose.

Quant à la façon de hiérarchiser mes priorités, c'est une question que je ne me suis jamais posée, car je fais cela assez naturellement. J'ai cette capacité à m'attacher à ce qui est important, à ne pas perdre de temps avec les détails.

Pour ne pas se laisser déborder, il faut identifier tout de suite ce sur quoi vous devez avoir un impact. Tout le reste, le non-essentiel, il faut le déléguer très vite. Bien sûr, il arrive que l'on se trompe, que l'on n'ait pas mesuré immédiatement par exemple l'importance d'un sujet. Dans ce cas, il faut avoir l'humilité de dire que l'on s'est trompé et reprendre la main.

Pour gagner du temps, il faut apprendre à ne pas en perdre en se plongeant dans des dossiers trop longs par exemple. Quand quelqu'un vient me voir avec un dossier de cinquante pages, je lui demande de reprendre sa copie et de revenir avec un document de dix pages. On ne peut pas passer sa vie dans les dossiers, à ces fonctions ! J'ai d'ailleurs évacué de mon bureau beaucoup de gros dossiers que je n'aurais jamais pris le temps de lire.

Dans une entreprise, vous avez forcément plusieurs personnes qui sont au courant des sujets et qui peuvent vous expliquer les choses à tout moment.

Quelqu'un qui me connaît bien me dit que je suis un chat. Je crois qu'il faut en effet avoir certaines qualités d'agilité pour retomber sur ses pattes, surtout au cours de cette période très dense.

Denis Hennequin, PDG d'Accor

CHAPITRE VI

L'AGENDA DES CENT JOURS : COMMENT CHOISIR SES PRIORITÉS ?

« J'ai eu l'impression de travailler au Samu » (Alain Chamla). « Quand il y a le feu, les foyers sont souvent multiples et pourtant il faut l'éteindre coûte que coûte » (Éric Pinot). « On était en train de mourir. La rapidité d'action fut un élément décisif de la renaissance » (Isabelle Capron). Voilà comment certains des dirigeants rencontrés nous ont parlé de leur emploi du temps. Pris dans la seringue, avec un sentiment d'urgence permanent, ces dirigeants ont vécu cent journées « de 16 ou 17 heures », « sans voir le jour ».

Bref, si on n'y prend pas garde, il y a vraiment moyen de se laisser submerger par le flot d'actualités, par la cascade de rendez-vous et par le défilé de personnes de l'interne mais aussi de l'externe qui, subitement, tapent à votre porte ou vous invitent à pousser la leur.

Alors que faire ? Quelles règles de vie faut-il se fixer pour tenir sans perdre son efficacité ? Comment réussir à identifier les vraies priorités ?

Conseils (très) pratiques pour survivre

Avant même que le dirigeant entre en fonctions, son agenda est déjà garni de rendez-vous imposés auxquels il est souvent délicat de faire faux bond. « En fait, dès votre arrivée, vous avez des passages obligés dans votre agenda : comités de direction, points avec les managers qui vous sont rattachés, réunions avec les instances représentatives du personnel, réunions de reporting au groupe, réunions de gestion financière, etc. Tout cela est écrit dans votre agenda et vous devez bien sûr être présent à chaque fois », considère Cyrille Grandjean. Et encore n'évoque-t-il ici que les réunions internes...

Bref, si on laisse faire, il y a moyen de passer trois mois en réunion, à écouter les uns et les autres sur des sujets d'importance variable.

Ceci n'est pas une fatalité ! À condition de fixer très vite quelques règles à soi-même et à son entourage. Tout d'abord, il est important d'avoir la main sur son agenda au sens physique du terme. Aucun rendez-vous ne doit être pris à votre insu, et il faut que la situation soit claire pour votre assistante, dès le premier jour. À titre personnel, elle le vivra souvent mal, car cela sera à ses yeux un acte de défiance. Pour vous, il s'agit tout simplement d'organiser votre survie et il faut le lui expliquer ainsi.

De nombreux dirigeants nous ont parlé de ces agendas qui se remplissent tout seuls au cours de la période, sans qu'ils aient leur mot à dire, ou trop tard, au risque de créer malentendus et incidents diplomatiques à l'heure de faire marche arrière. Toujours ennuyeux d'annuler ou de reporter un rendez-vous dans une période où votre image se construit et où vos gestes et décisions sont décortiqués par tous.

« Plus que dans toute fonction, un PDG doit être maître de son emploi du temps. C'est à moi de décider qui je dois voir quel jour. C'est à moi seul de savoir si je dois voir un client ou un fournisseur et quand il est souhaitable d'organiser la rencontre. Vous ne pouvez pas rencontrer un client qui vous sollicite dans les Cent Jours sans avoir pris le temps de travailler vos dossiers. En fait, la seule latitude que je laisse à mon assistante au cours de cette période, ce sont les rendez-vous internes avec mon équipe rapprochée en plus bien sûr des réunions internes récurrentes », explique Jean-Dominique Guiter (Satas).

L'enjeu est d'être propriétaire de son temps sans que cela soit perçu comme de l'arrogance ou de l'indifférence. L'exercice est périlleux, mais un bon directeur général doit savoir expliquer ses choix et les assumer. C'est la meilleure façon pour lui de se faire accepter.

Yann Marteil à la tête de Primavista a connu ce sentiment d'écrasement des Cent Jours, une période où « tout est à faire ». Au cours de ses six premières semaines de présidence [NdE : c'est à ce moment-là que nous l'avons rencontré], il lui a fallu présenter son nouveau budget à l'actionnaire, proposer un nouvel organigramme, voir les équipes, etc. « J'ai passé quelques nuits blanches avec le directeur financier, sur le budget notamment. Physiquement, c'est une période terrible, je vous le confirme. On a beau se faire des listes tous les soirs, on est chaque jour rattrapé par de nouvelles urgences », explique-t-il.

Pour passer le cap sans trop de dommages, il s'est fixé deux règles simples :

— Tout d'abord, donner la priorité aux hommes plutôt qu'aux e-mails. « Avoir 232 e-mails de retard ne me gêne pas. En revanche, quand quelqu'un tape à ma porte, je considère qu'il a quelque chose à me dire et que cela doit être important. Je prends toujours le temps de recevoir les gens. Je tiens peut-être cela de mon expérience politique » [NdE : Yann Marteil est maire adjoint du IIIe arrondissement de Paris].

— Ne jamais sacrifier son temps familial. « J'ai trois enfants en bas âge et je m'arrange pour les voir même quand il y a le feu comme en ce moment », souligne Yann Marteil. Ce qui est mis entre parenthèses en revanche durant les Cent Jours, ce sont les amis et les activités extra-professionnelles en tout genre.

Mais la façon la plus sûre de survivre reste la délégation. Certains dirigeants – souvent de jeunes dirigeants en l'occurrence – que nous avons eu l'occasion d'accompagner dans nos activités veulent tout contrôler, dès le départ. Ils sont à leur façon des « hyper-dirigeants ». La manifestation de cette volonté de contrôle absolu reste leur goût excessif pour l'opérationnel. Une façon comme une autre de se rassurer en restant en contact avec ce qu'ils savent faire. Mais est-ce vraiment ce qui leur est demandé ? « À mon poste, on doit tout de suite déléguer. C'est une question de confiance et cela permet de mobiliser d'emblée la hiérarchie. Je ne suis pas le frustré de l'ouverture du magasin. Je fonctionne en mode radar. Tant que les sujets avancent, je laisse faire. Quand j'observe en revanche un dérapage dans le calendrier ou dans les coûts, je peux descendre très brutalement dans le détail. Je crois beaucoup à l'esprit entrepreneurial. Cela sous-entend que l'on se met d'accord sur des objectifs, mais aussi sur des sanctions si les résultats ne sont pas au rendez-vous », considère Thierry Falque Pierrotin, directeur général de Kesa Electricals.

Comment bien choisir ses priorités ?

Ce qui compte, c'est ce pour quoi vous êtes payé, à savoir le développement de l'entreprise. Le reste n'est finalement que littérature. Dès les Cent Jours, le nouveau dirigeant doit prendre ce recul et se demander avant d'intervenir sur tel ou tel dossier : « Est-ce là ma place ? », « Est-ce que j'apporte une plus-value en m'y impliquant ? », « Est-ce vraiment important ? »

Voilà pour le principe général. Reste que chaque situation est unique et qu'il est impossible de livrer un tableau immuable où figurerait ce qui est essentiel, très important, important, moins important.

D'ailleurs, au sein même de la société, les choses ne sont pas si claires. « Deux approches s'affrontent concernant mon emploi du temps. Mon actionnaire considère que ma priorité doit être la stratégie, les rapprochements, et de façon générale, l'analyse du business. Le fondateur, à l'opposé, m'a tout de suite dit que dans une PME, le terrain et les hommes seraient essentiels. J'ai trouvé, je crois, un équilibre entre ces deux priorités au bout de quelques mois », considère Alain Calmé d'Homair.

Il semble que l'on puisse toutefois se hasarder à une typologie très simple avec d'un côté les priorités que l'on maîtrise et de l'autre, celles que l'on subit.

Les priorités que l'on maîtrise sont celles qui vont contribuer à l'établissement du plan stratégique que vous mettez en place. Elles sont clairement établies et méritent toute votre attention.

Les priorités subies sont celles que l'on ne maîtrise pas. Il est donc nécessaire de laisser des plages ouvertes dans son agenda, car immanquablement, elles seront remplies par ces sollicitations impromptues. Il peut s'agir d'un rendez-vous avec un banquier qui vous réclame des comptes, avec un élu qui a eu vent d'une rumeur de fermeture d'usine et qui exige sur le champ des explications, avec un client mécontent qui ne souhaite parler qu'au chef, un litige juridique qui peut vous coûter du jour au lendemain des millions d'euros, etc. Tous ces cas sont réels.

Le mandant, juge de paix

Appelons mandants ceux qui vous ont nommé à un instant *t*. Cela peut être le PDG d'un groupe quand vous travaillez comme dirigeant d'une filiale, un conseil d'administration quand vous êtes PDG, un président quand vous êtes directeur général, un fonds actionnaire quand vous prenez par exemple les rênes d'une société sous LBO, etc.

Dans cette période, il est capital d'être parfaitement en phase avec ce ou ces mandants et donc de passer du temps avec eux. C'est certainement la priorité essentielle. Sans leur soutien en effet, vous n'irez pas bien loin.

« Ils m'ont choisi, maintenant, qu'ils me laissent travailler », considèrent pourtant trop souvent les dirigeants. Beaucoup se plaignent des reportings superflus dans un moment où ils n'ont pas forcément les idées claires. Il faut pourtant réussir à instaurer des habitudes et poursuivre la découverte mutuelle pour se mettre en position favorable pour la suite.

« J'ai toujours considéré que mon client numéro 1 était mon président. Si j'ai envie de faire évoluer notre stratégie, nos équipes, j'ai besoin de lui. Lors des trois premiers mois, nous avons passé près d'une journée et demie ensemble par semaine. Quelques mois plus tard, nous nous voyons toujours quatre heures par semaine. Nous avons réussi à construire cette relation assez rapidement », explique Bruno Carbonaro, directeur général de Fives Nordon.

Anne-Christine Arnould (Expedia) devait pour sa part s'assurer du soutien du siège américain pour pouvoir agir. Elle y a passé beaucoup de temps dans les Cent Jours de son mandat : « Ils m'avaient recrutée et avaient de vraies inquiétudes sur le fonctionnement de la filiale française. Au cours des trois premiers mois, ils étaient vraiment en demande de reportings. J'ai passé beaucoup de temps au téléphone avec l'état-major de la société à Seattle. Des coups de fil de trois heures au milieu de la nuit, décalage horaire oblige. Pour eux, la France était un pays assez incompréhensible en fait, loin, très loin de leur raisonnement de « marchés ». Le seul de surcroît où Expedia avait un président – avec les États-Unis – et ce, pour des raisons juridiques. J'ai dû faire preuve de beaucoup de pédagogie pour les amener à me faire confiance et à accepter un mode de raisonnement et de fonctionnement vertueux, différent du leur. J'ai joué la carte de la transparence tout de suite en présentant notamment toutes mes simulations financières sur les coûts d'une éventuelle réorganisation, en discutant avec eux à bâtons rompus. »

Bref, vous ne passerez jamais assez de temps avec votre mandant durant les Cent Jours. Certains considèrent qu'il s'agit de basses manœuvres politiques. Ils se trompent ! Ne pas le faire peut leur coûter très cher.

Et si vous vous faisiez aider ?

Pour gérer au mieux cet emploi du temps des premiers mois, vous avez certainement besoin d'aide. Le but ? Réussir à prendre un peu de recul dans la tempête. Ce besoin est largement identifié par les dirigeants, mais comment faire concrètement ?

Tout d'abord, sur le plan de la gestion *stricto sensu* de l'agenda, beaucoup de dirigeants ont pris leur poste avec leur assistante dans leurs bagages. C'est souvent un des premiers recrutements effectués d'ailleurs. Mais cela ne fait pas tout, même si cela permet souvent d'éviter certains quiproquos précédemment mentionnés.

Pour parvenir à hiérarchiser leurs priorités, certains aiment s'appuyer sur un ou deux membres de leur comité exécutif qui leur sont proches. « Avec le directeur financier et le DGA, nous formons un trio et tout le monde le sait. Ce sont deux relais très importants dans ma stratégie et ils m'aident à définir nos priorités. C'est aussi avec eux que je teste mes messages dans un premier temps » explique un dirigeant.

D'autres trouvent ce support en externe auprès de leur conjoint ou parfois de leurs amis, mais ce n'est pas toujours l'idéal de rentrer dans le détail de ses activités auprès de ses proches. « Ils peuvent dire des choses très dures, car ils nous connaissent. Ce n'est pas toujours facile à encaisser, car ils touchent juste et je sais qu'ils disent vrai », indique un dirigeant interviewé.

Peu de dirigeants nous ont parlé ouvertement de coachs. Certains font appel à eux, mais n'en font pas publicité comme si le sujet devait rester officieux. « Je ne connais pas de nouveaux dirigeants qui disent ouvertement travailler avec un coach. On en revient toujours à ce mythe de l'infaillibilité du dirigeant qui, bien sûr, n'est qu'un mythe », explique Julien Rozet, président du directoire d'Alexander Hughes.

Le coaching n'est pas la solution à tous les problèmes. Il dépend beaucoup de la personnalité des dirigeants. Ce n'est pas, en tous les cas, une porte qu'il faut fermer *a priori*.

La feuille de route est un sujet majeur de début de mandat. C'est même une question à régler avec les actionnaires avant d'entrer en fonctions.

Je ne suis pas un mercenaire. J'ai passé vingt-cinq ans chez McDonald's et je compte bien en passer entre dix et quinze chez Accor. Je voulais m'assurer tout d'abord que les actionnaires étaient d'accord avec cela.

Pour le reste, ma feuille de route est simple : je suis là pour faire croître ce groupe, exclusivement hôtelier désormais, sur le long terme. Cela signifie que cette croissance doit se faire à partir de nos différentes marques et je souhaite mettre fin aux suspicions de démantèlement ou de cessions. Je ne suis pas venu pour cela.

Mais il ne faut pas confondre feuille de route et plan stratégique.

Ce dernier, que nous allons communiquer aux équipes près de six mois après mon arrivée, doit entraîner l'ensemble du groupe dans les années qui viennent. Chaque fonction, chaque directeur d'hôtel doit pouvoir se l'approprier. C'était la limite d'« Ariane 2015 », le plan stratégique précédent, qui était un peu trop corporate et centré sur le siège.

Mais, vous savez, tous les leaders du secteur ont les mêmes objectifs : être les meilleurs opérateurs hôteliers, être les meilleurs en corporate social responsability, en développement durable, être les meilleurs sur tous les métiers…

Difficile d'être original en la matière. Il est important de savoir équilibrer ce plan pour apporter de la cohésion et du souffle en interne, mais ce qui va vraiment faire la différence, c'est la capacité à mettre tout cela en œuvre. On en revient finalement encore et toujours aux équipes.

Denis Hennequin, PDG d'Accor

CHAPITRE VII

FEUILLE DE ROUTE OU PLAN STRATÉGIQUE ?

Avant toute chose, il ne faut pas confondre feuille de route et plan stratégique. La feuille de route émane souvent de l'actionnaire ou du conseil d'administration. Elle donne quelques grandes perspectives au dirigeant. Le plan stratégique, en ligne avec la feuille de route, structure l'action des mois et des années à venir. Plus opérationnel même s'il n'est pas non plus un plan d'actions proprement dit, il est bien sûr sujet à aménagements, en fonction de l'actualité et des contraintes externes. Il est produit en général entre trois et six mois après l'arrivée du dirigeant.

« Quelle était votre feuille de route ? »

La question fait sourire l'un des dirigeants interviewés : « Voilà encore un mythe d'école de commerce. On ne vous attend pas avec un papier à signer qui indique des objectifs et la façon de les atteindre. Tout cela, c'est dans les livres. Vous êtes là pour avoir les meilleurs résultats possibles, c'est tout ! Pour cela, vous devez réussir à vous intégrer rapidement et à créer une dynamique de croissance. La seule feuille de route finalement est que vous parveniez à ce que vos actionnaires continuent, sur la durée, à valoriser leurs investissements. »

Tous les chefs d'entreprise rencontrés sont lucides sur cette mission ultime : « avoir les meilleurs résultats possibles. » Ils savent tous que ces résultats seront le véritable critère de satisfaction de leur mandant (président, groupe, actionnaire).

Mais l'analyse mérite cependant d'être affinée. La hauteur des résultats escomptés, l'échéancier, les moyens pour les atteindre par exemple sont des paramètres dont il faut discuter très vite : idéalement, avant même votre arrivée ; au pire, dans les premières semaines.

Une feuille de route, à quoi ça sert ?

La feuille de route sert à donner un cap au nouveau dirigeant. Elle lui indique des objectifs plus ou moins précis qui serviront, à terme, à mesurer sa réussite. « Les dirigeants ont des objectifs clairs fixés par le conseil d'administration avec, en face de chacun d'eux, des critères d'évaluation. C'est le cas dans 60 à 70 % de nos grands groupes, dont la gouvernance s'est beaucoup professionnalisée au cours des dernières années », explique Sylvie Gilbert, coach associée chez Dirigeance.

Certes. Mais tout n'est pas si simple et la feuille de route n'est pas toujours aussi précise. Elle prend très souvent la forme d'un ou deux objectifs, non formalisés le plus souvent. L'écrit est loin d'être la règle. « Le chasseur de têtes m'avait donné la feuille de route : il s'agissait de rassurer les équipes après la succession rapide de six directeurs en une dizaine d'années et il fallait renouer avec la croissance. J'avais deux à trois ans pour cela. Le directeur Europe était en phase avec cette feuille de route, mais, à aucun moment, elle n'a été formalisée ou validée par la direction du groupe. C'est une erreur », se souvient Ann Verledens, ex-directrice générale de Karl Storz.

Le contexte de l'entreprise conditionne évidemment les attentes du mandat. Dans une société en bonne santé, la mission d'un nouveau dirigeant est souvent de s'inscrire dans la continuité de ce qui a pu être fait auparavant, en termes de résultats notamment. « Ma feuille de route était simple : je devais faire en sorte que la société poursuive sa dynamique en réussissant sa réorganisation. On ne m'a jamais demandé explicitement d'accélérer sa croissance », explique François-Philippe Pic, président de Mondial Assistance France. Chez Homair, Alain Calmé, président du directoire, s'est vu assigner un objectif assez semblable : « L'entreprise devait continuer à croître au même rythme que les cinq années précédentes, c'est-à-dire de plus de 20 %. »

Quand la situation est plus difficile, paradoxalement, la feuille de route est souvent moins consistante encore. Il n'est plus alors question de chiffres de croissance mais de survie.

Éric Pinot se souvient de la feuille de route que lui avait donnée le fonds d'investissement Natixis à son arrivée à la tête de Well qui connaissait alors les pires difficultés : « Vous avez les clés. Je ne sais pas ce qu'il faut faire, c'est à vous de l'imaginer. » Le fonds Natixis est un actionnaire financier. Il ne s'implique pas dans la gestion quotidienne. « J'étais seul face à la décision. C'est une situation à la fois grisante et angoissante », se rappelle-t-il aujourd'hui.

En vous nommant, votre mandant souhaite vous voir incarner sa feuille de route, sa ligne directrice. Vous êtes son messager : votre personnalité, votre expérience, votre réputation vous précèdent et doivent vous aider à réussir. « Une nomination est un message fort envoyé au marché et à l'entreprise. Certains patrons ont une image de développeurs, d'autres de redresseurs, etc. Prenons Thierry Breton par exemple. Il a construit son image comme redresseur de Thomson. C'est pour cela qu'il a été nommé à la tête de France Télécom dans un moment très critique et c'est encore pour cette raison qu'il a été nommé ministre des Finances d'une France en grande difficulté financière. Ce type de nomination est un signal en interne et en externe », indique Jean-Pierre Beaudoin, président d'i&e, groupe spécialisé dans les stratégies d'opinion.

Anne-Christine Arnould avait une expérience des plans sociaux, acquise lors de mandats précédents avant de rejoindre Expedia France. Elle fait partie de ces « patrons-messages » : « Je n'avais pas de feuille de route à proprement parler, mais les dirigeants à Seattle m'ont demandé, dès les premiers entretiens que j'ai eus avec eux, de réfléchir à la fermeture d'un centre. Rien n'était acté. J'avais pour mission en revanche de voir si cela était nécessaire, le cas échéant réalisable, et de proposer la démarche pour réussir avec carte blanche. Cela s'inscrivait dans une réorganisation au niveau mondial. Ma mission était fonctionnelle avant tout et j'avais déjà eu à mener ce genre de missions dans mes fonctions précédentes. »

Comment s'élabore la feuille de route ? La nécessaire coproduction.

La feuille de route ne doit pas être une injonction d'un mandant sans discussion préalable avec le nouveau dirigeant. Sinon les risques de déconvenue sont grands, dès les mois suivants. C'est un cas que nous rencontrons très fréquemment chez les jeunes dirigeants qui accèdent à un premier poste de ce niveau. Heureux d'endosser l'habit de dirigeant, excessivement confiants dans leurs qualités, ils sous-estiment parfois le contenu de leur feuille de route.

« Dans mon poste précédent, la feuille de route n'était pas claire, je n'avais pas été suffisamment vigilant sur ce point. Cela a donné lieu à des malentendus dès le départ. Rétrospectivement, je me rends compte que cela a été une des causes de mon échec. Bilan : on m'a annoncé un matin que je devais partir le soir même. C'était assez dur à vivre. Chez Fives Nordon, la situation était difficile, mais la feuille de route fixée par le président était très claire. Je l'ai tout de suite acceptée. Le premier axe était de rassurer nos grands clients (Areva, Alstom, EDF) sur notre capacité à maîtriser notre technologie, à assurer la sécurité de nos employés dans les ateliers et sur les chantiers. Nous avions un carnet de commandes sur trois ans et demi, ce qui était très rassurant notamment dans l'optique des Cent Jours. Le second axe était le déploiement de l'entreprise à l'international », indique Bruno Carbonaro, directeur général de Fives Nordon.

Même quand vous êtes en confiance et en phase avec la feuille de route proposée, il vaut parfois la peine de prendre son temps et de se renseigner plus avant sur les enjeux de pouvoir entre actionnaires par exemple. « Dans mon poste précédent, la feuille de route me convenait parfaitement. Nous avions notamment acté le fait que la société devait se développer à l'international. Mais j'ai compris, une fois en poste, qu'il n'y avait pas d'accord entre les deux actionnaires sur le sujet. Cela conduisait donc à une situation totalement ingérable », avance Dominique Bernard.

Pour se donner toutes les chances de réussite, le nouveau dirigeant doit être parfaitement en phase avec la feuille de route proposée. Si ce n'est pas le cas, il doit pouvoir en discuter pour la faire évoluer. Bref, une bonne feuille de route est souvent une coproduction entre le mandant et le nouveau dirigeant.

« Beaucoup pensent que les mandants vous confient une mission claire à accomplir avec des objectifs définis et que vous n'avez finalement pour seule latitude que la façon d'atteindre ces buts. Cela ne se passe en fait – et heureusement ! – jamais ainsi. La feuille de route existe, mais c'est au directeur général de la créer dans les premiers mois et de la faire valider par les mandants. Une entreprise, c'est une stratégie qu'il faut définir, des process et bien sûr des hommes. Une bonne feuille de route doit faire vivre ces trois briques », explique Thierry Falque-Pierrotin, directeur général de Kesa Electricals.

Cela vaut la peine d'y passer du temps, car il s'agit à bien des égards d'un acte fondateur qui doit vous permettre de clarifier votre mission mais aussi votre périmètre réel d'intervention au sein de la société. C'est ce qu'a compris Alain Chamla en arrivant à la tête du directoire de France Champignon. La société perdait entre 1 et 2 millions d'euros par mois et le fonds était du coup assez présent sur le plan opérationnel. Alain Chamla avait accepté la mission de redressement, il voulait en revanche avoir les mains libres pour la mener à bien. Autrement dit, il souhaitait avoir toute latitude en matière opérationnelle, mais aussi stratégique : « De grands cabinets avaient déterminé des plans au cours des années précédentes pour sortir l'entreprise de ses difficultés, mais cela faisait deux ans que l'entreprise cherchait en vain à s'en sortir. Dans ce contexte, c'était à moi de déterminer une feuille de route viable, pas à l'actionnaire. »

De la feuille de route au plan stratégique

Le plan stratégique est un enjeu fort de début de mandat. Il existe quand la nomination du dirigeant s'accompagne de nouvelles orientations stratégiques. Si la nomination s'inscrit dans le prolongement de ce qui a été fait précédemment, le lancement d'un plan stratégique n'est pas indispensable. Il peut même être contre-productif.

Quand il s'impose en revanche, le plan stratégique doit permettre de dégager des actions fortes. « La feuille de route est un gruyère.

À vous et votre équipe de la remplir en apportant une stratégie, un style, des valeurs, des hommes », considère Damien Guermonprez qui entraîne, à chaque fois, les entreprises qu'il dirige dans un exercice de vision partagée afin de donner du sens au travail de chacun et ainsi aligner les intérêts des actionnaires, des dirigeants et des collaborateurs

Et effectivement, afficher des objectifs énoncés dans la feuille de route n'est pas le meilleur moyen de réussir. Le plan stratégique sera *a contrario* un véritable outil de communication très opérationnel qui vous permettra d'exprimer une vision claire et structurée. « Trois sujets préoccupaient mon actionnaire : la gestion, le cash et l'équipe. J'ai tout de suite été en phase avec cette feuille de route, à condition d'avoir la liberté de la mettre en musique et de fixer des objectifs sous-jacents. Car il n'est pas possible de motiver des équipes en ne parlant que de cash et de chiffres d'affaires », considère un dirigeant.

Qu'est-ce qu'un bon plan stratégique ?

Un bon plan stratégique doit être ambitieux pour être mobilisateur. Il s'agit de donner une ambition forte qui va permettre de fédérer dans les années suivantes l'ensemble des équipes.

En la matière, il faut oser voir grand, c'est ce que l'on attend de vous ! Pas question cependant de vendre du rêve à bon compte. L'horizon proposé doit être atteignable et même dépassable.

« Il faut vite annoncer une vision, proposer un projet nouveau pour la société. J'ai rapidement dit qu'Osiatis devait doubler en cinq ans. Pour cela, nous avons construit et présenté, avec le responsable du développement, une sorte de commode Osiatis, qui recensait tous les tiroirs à remplir pour réussir. Nous avons construit une offre vraiment complète répondant à l'attente globale de nos clients », explique Robert Aydabirian, ex-président de la société informatique.

Ce plan doit aussi être réaliste. Si l'on reprend l'exemple d'Osiatis, la société a dépassé son ambition puisqu'elle a triplé en six ans.

Quant à l'activité mines d'Areva dirigée par Sébastien de Montessus, elle est parvenue à doubler son chiffre d'affaires dès 2009, alors que l'objectif était programmé pour 2012.

Marcel Torrents a aussi veillé à ce que ses objectifs de développement en Chine ne soient pas seulement une belle promesse sans lendemain : « Dès les mois suivants, nous avons installé un bureau sur place. Six personnes y travaillent aujourd'hui. Nous avons aussi fait une acquisition quatre mois après mon arrivée à un prix jamais atteint pour Delta Dore. Cela prouvait que notre projet de développement était réaliste. »

Pour concevoir le plan stratégique, vous devez vous appuyer sur votre comité de direction : « Pendant trois mois, le comité de direction a travaillé nuit et jour pour bâtir ce plan. Cela a été extrêmement fédérateur et l'on ressent les effets de cette période de travail acharné aujourd'hui », explique Sébastien de Montessus.

L'implication du comité de direction est décisive, car chaque membre, selon ses fonctions, va enrichir ce plan et porter par la suite la bonne parole au sein de l'entreprise. Un bon plan stratégique est donc avant tout un travail d'équipe.

« J'ai associé les membres du comité de direction à la réalisation du plan stratégique en fonction de leurs expertises. Ce plan stratégique d'une quarantaine de slides que j'ai présentés à l'actionnaire au bout de trois mois était le nôtre, pas le mien. Je ne pense pas que cela puisse être un exercice solitaire », considère Éric Pinot (Well).

Ce plan doit également parler aux équipes. Il ne doit pas être une construction intellectuelle sans conscience du terrain, de la réalité des hommes et des obstacles qu'ils rencontrent. Chacun à son niveau doit pouvoir l'incarner, ou du moins y apporter sa pierre. C'est ce que nous dit très justement Denis Hennequin en prélude de ce chapitre.

Enfin, ce plan doit être produit et communiqué rapidement. Il est en effet le symbole fort de votre arrivée et de l'impulsion que vous souhaitez donner à l'entreprise. Il est, à bien des égards, votre marque de fabrique. Nous recommandons de ne pas attendre plus de six mois pour le communiquer. L'idéal est même de le faire dès la fin de vos cent jours, quelle que soit la situation de l'entreprise.

Nous sommes sur ce point assez d'accord avec Éric Pinot : « J'ai mis trois mois à mettre mon plan en place. J'aurais pu prendre davantage de temps, ma trésorerie me le permettait, mais je crois beaucoup à la vitesse. Je crois qu'il y a vingt ans, le bon directeur général était celui qui avait un plan stratégique. Il y a dix ans, le bon directeur général était celui qui avait un bon plan stratégique. Aujourd'hui, le bon directeur général est celui qui met en œuvre le plus rapidement son plan. »

Les temps changent !

Le rôle des cabinets de conseil

Beaucoup de dirigeants ont fait appel à des cabinets de conseil spécialisés en stratégie au cours de cette phase. Nous avons nous-mêmes eu l'occasion d'intervenir très souvent à ce stade auprès des dirigeants. Ce qu'ils recherchent alors, ce sont des éclairages sur des dimensions prospectives de leur secteur (de quoi sera fait l'avenir de leurs produits ? quelles sont les évolutions de business model à prévoir ?, etc.) ainsi que sur la meilleure façon de se différencier de leurs concurrents même si, comme l'indique très humblement Denis Hennequin, ce n'est pas toujours facile.

Le consultant donne une profondeur de champ, un recul qui peut être utile pour vous accompagner dans la construction de ce plan si important pour l'avenir.

Sébastien de Montessus l'a expérimenté à la tête des activités mines d'Areva. Grâce à cet appui, il a pu bâtir un plan ambitieux mais réaliste qui prévoyait notamment, autour de sept axes prioritaires, le doublement de la production entre 2008 et 2012, et un leadership sur le secteur à l'issue de la période.

Marcel Torrents a fait de même à la tête de Delta Dore : « Le diagnostic stratégique m'a permis de déterminer quelques axes stratégiques forts dès la fin des Cent Jours. Nous faisons 85 % de notre chiffre d'affaires en France. Il fallait aller à l'international avec un projet qui décoiffe. La Chine s'est vite imposée. »

Mais attention, le cabinet de conseil n'est pas là pour concevoir votre plan stratégique. Il n'a qu'un rôle d'accompagnement, de boîte à idées que vous devrez *in fine* mettre en œuvre et vous approprier. C'est une condition de la réussite d'un plan stratégique. « Je déteste les architectes qui vous imposent les plans de votre maison. C'est à vous de savoir où vous voulez mettre les fenêtres et l'escalier. C'est d'ailleurs comme cela que votre maison a de la valeur », explique en ce sens Franck Riboud, PDG de Danone.

La feuille de route et le plan stratégique sont des enjeux majeurs de début de mandat. L'environnement changeant ne doit pas exonérer le dirigeant de fixer de grandes orientations. Il doit savoir fixer un cap, imprégner sa marque de fabrique et fédérer les équipes au travers de ce plan tout en restant très pragmatique.

Je suis arrivé au moment des vœux et j'ai respecté ce rituel. Je me suis mis au balcon du siège de façon décontractée et j'ai dit quelques mots. J'ai aussi tiré les rois à Évry. Je ne pense pas utile de briser les repères des équipes, il faut juste savoir les adapter à ce que vous êtes.

Il n'est pas facile d'arriver à cette période : c'est l'époque des bilans d'un passé qui ne vous appartient pas.

J'ai pris la parole, bien sûr, dans notre journal interne, Mosaïc. *À ce stade, je me suis exprimé sur le mode de l'étonnement et j'ai insisté sur ce qui m'avait positivement surpris en arrivant. J'ai conservé cette habitude dans chacune de mes prises de parole, au départ. J'ai aussi donné quelques rendez-vous plus tard dans l'année pour parler de résultats, de stratégie. Chez nous, le rendez-vous important sera par exemple notre Académie d'été, en juillet.*

L'interview des Cent Jours ? J'ai accordé effectivement des entretiens au Journal du Dimanche *et aux* Échos, *mais c'était trop tôt pour parler vraiment du fond et de l'avenir. Je dois aussi veiller à ne pas répondre aux polémiques. Accor est une société qui génère beaucoup de rumeurs. Ce n'est pas au PDG d'y répondre. Moi, je suis là pour expliquer comment nous souhaitons positionner nos marques, comment nous voulons nous développer, etc.*

J'ai aussi utilisé l'externe pour communiquer en interne. Il fallait que les équipes apprennent à me connaître et la presse est un formidable outil pour cela. J'ai ainsi donné deux interviews dans Challenges *et dans* Libération. *J'y livrais ma personnalité au travail et en dehors. Je l'ai fait pour que l'on apprenne à me connaître, pour accélérer la découverte.*

Denis Hennequin, PDG d'Accor

CHAPITRE VIII

QU'EST-CE QU'UNE BONNE COMMUNICATION DES CENT JOURS ?

« Quel est votre état d'esprit après cent jours à la tête d'Accor ? » Voici la première question de Marie Nicot, journaliste au *Journal du Dimanche* à Denis Hennequin, PDG d'Accor dans l'édition du 27 février 2011.

« En cent jours à la tête de Google France, j'ai mesuré combien Google mise sur la France (...) ». Voici la première réponse de Jean-Marc Tassetto, directeur général de Google dans son interview du 27 janvier 2011 au *Figaro*.

Voilà qui confirme une chose : « les Cent Jours » sont un concept bien réel pour les dirigeants, mais aussi... pour les journalistes.

Plus sérieusement, la communication est un enjeu fort de début de mandat. D'autant que, pour un nouveau dirigeant, il s'agit d'une problématique qu'il découvre – il est rare que la communication soit le métier d'origine d'un dirigeant –, et dont il ne mesure pas toujours la portée. Concentré d'emblée sur des objectifs business, sur lesquels il sera évalué, le nouveau dirigeant ne voit pas toujours l'intérêt de se rendre visible.

« À quoi ça sert ? », « J'ai vraiment autre chose à faire que d'aller faire le beau dans la presse ! », « Que l'on me juge sur mes résultats, pas sur ma façon de serrer la main ! », « Je ne suis ni un acteur ni un écrivain » : c'est ce que nous ont dit certains d'entre eux lors de nos entretiens.

Ces remarques émanent souvent de dirigeants qui atteignent ces fonctions pour la première fois, qu'ils viennent de l'externe ou de l'interne. « Pour un directeur financier, ce n'est pas gênant d'avoir ses photos de vacances sur une page Facebook. Un patron en short sur le web en revanche, ce n'est pas possible », analyse Jean-Pierre Beaudoin, président d'i&e, spécialiste de ces questions.

Il s'agit donc de ne pas sous-estimer l'importance de cette dimension sous toutes ses formes – interne et externe – et ce, dès la prise de poste. Et que l'on soit clair : il n'y a malheureusement pas, là encore, de formule magique. Les diverses expériences présentées vous permettront cependant, nous l'espérons, de retenir quelques idées utiles.

On peut distinguer trois objectifs pour un dirigeant, en termes de communication, au cours des Cent Jours : se faire connaître, occuper le terrain, annoncer ce qu'il compte faire.

Se faire connaître. Les secrets d'une intronisation réussie

Prendre son poste, ce n'est pas seulement arriver dans son bureau un lundi matin, voir son comité exécutif entre 14 heures et 18 heures et saluer les salariés dans les couloirs ou à la machine à café.

La meilleure façon de vous faire connaître est finalement que quelqu'un d'autre se charge pour vous de faire les présentations. L'idéal est que votre mandant, ou un personnage référent de la société, un fondateur par exemple, prenne les choses en mains, en public. Cela présente un double avantage : il n'est jamais facile de parler de soi et l'on a tendance alors à dire les pires banalités ; se faire introniser par un personnage respecté permet d'être tout de suite placé au bon niveau. À vous par la suite de gagner votre légitimité.

Sébastien de Montessus a eu une intronisation parfaitement maîtrisée. Quelques jours après sa prise de poste, Anne Lauvergeon a convoqué le comité de direction de son activité (les mines) de façon tout à fait exceptionnelle, autour d'un déjeuner. Consciente des forces mais aussi des faiblesses de son poulain, elle a senti le besoin de faire cette mise au point. « Je suis arrivé à ce déjeuner avec elle. Elle m'a introduit en précisant que j'étais jeune, non ingénieur mais que j'étais son choix », explique-t-il aujourd'hui.

L'onction présidentielle publique vaut tous les discours. Son mandat commençait sous les meilleurs auspices. Par la suite, au cours des premiers mois, il a peu rencontré sa présidente hors des comités exécutifs et des réunions budgétaires, mais il comprend rétrospectivement sa démarche : « Elle m'a lâché dans le grand bain et c'était une bonne chose. L'important était que je bénéficie de sa confiance et que chacun le sache ! »

Alain Calmé a aussi bénéficié de cet adoubement, dès que le conseil de surveillance a officialisé son rôle de président du Directoire d'Homair : « Le fondateur a tenu à rassembler les collaborateurs pour dire que je devenais président du directoire et que j'avais toute sa confiance. Il a aussi dit qu'avec moi la société allait accélérer son développement. C'est un moment très fort que j'ai vécu, comme un adoubement. Je ne volais le pouvoir à personne. Nous allions continuer à avancer dans la sérénité. » Et pour ceux qui auraient manqué cette séquence, le fondateur a fait de même un peu plus tard autour de l'arbre de Noël devant les salariés et leur famille.

Mais la configuration n'est pas toujours aussi idéale.

Jean-Dominique Guiter a ainsi connu une intronisation assez cocasse. Son prédécesseur, très apprécié, avait prévu d'annoncer simultanément son départ et l'arrivée de son successeur lors de la convention de l'entreprise. Ce jour-là, Jean-Dominique Guiter avait pour mission de ne rien dire avant sa montée sur scène. « Je suis un rugbyman, je suis sûr que certains m'ont pris pour son garde du corps », s'amuse-t-il aujourd'hui. À 15 h 30, il est présenté devant des collaborateurs inquiets, choqués par le départ de leur dirigeant. « Il m'a fallu quelques minutes pour casser la glace », se rappelle-t-il.

Un directeur général doit aussi parfois s'introniser seul, si l'on peut dire. C'est souvent le cas dans les filiales de groupes étrangers ou encore dans les partnerships. « Une semaine après mon arrivée, j'ai convié les 250 salariés à une réunion de présentation dans le lieu stratégique de l'entreprise, la cafétéria. C'était un moment important que j'ai voulu organiser rapidement avant que ne courent les rumeurs. Dans ces circonstances, il faut choisir ses mots, car ils marquent. J'ai tout de suite dit aux salariés présents que je ne venais pas du secteur. Je savais que cela pouvait les inquiéter. J'ai décidé d'en faire une force au contraire en leur disant que de ce fait, j'étais à leur écoute, que j'avais beaucoup à apprendre d'eux. Parallèlement, j'ai aussi vite fait comprendre que j'avais certains points forts utiles à leur environnement comme la gestion, la comptabilité, ou encore le juridique, et que j'avais déjà été patron de sociétés de même taille », indique Anne-Christine Arnould, ex-directrice générale d'Expedia.

Se montrer dans le journal interne

Pour se faire connaître des équipes, Thierry Falque-Pierrotin, directeur général de Kesa Electricals recommande d'utiliser d'emblée le journal interne : « Les collaborateurs doivent mettre un visage sur le nouveau patron. Le journal interne est un excellent vecteur pour cela. Pas besoin de faire de grandes annonces, de présenter un plan d'actions, vous ne seriez pas crédible, car c'est bien trop tôt pour le faire. Il est bon en revanche d'être sincère et de dire par exemple que l'on croit beaucoup à la culture maison – au concept Darty qui repose sur le service, dans mon cas. Il est important de respecter le travail des équipes, leurs valeurs et ce qu'elles ont pu accomplir jusqu'alors. »

L'interview d'arrivée de Denis Hennequin dans *Mosaïc,* le magazine international des collaborateurs du groupe Accor, est un modèle du genre. Il y livre quelques objectifs très généraux (« nous avons pour double objectif aujourd'hui de devenir leader européen de la franchise et d'être sur le podium des trois premiers mondiaux de l'hôtellerie ») et fait part des bonnes surprises de sa prise de fonctions (« On sent ici le rôle de l'histoire et le respect mutuel entre les personnes (...) J'ai été surpris, dès mon arrivée au siège, de la façon dont les gens cohabitent. »). Le tout accompagné bien sûr d'une photo de l'intéressé.

Les rubriques « nominations »

La presse peut aussi vous permettre de vous présenter. Tous les grands quotidiens ont désormais une rubrique « nominations » qui permet de vous introduire en quelques lignes. Les interviewés sont tous des familiers de ces rubriques.

Cette communication a une double vertu : reprise dans les revues de presse des entreprises, elle sera vue immanquablement par tous les acteurs du secteur (clients, fournisseurs, concurrents, etc.) ; elle sera aussi lue en interne. Il est bon d'ailleurs de faire relayer cette nomination à l'ensemble des collaborateurs par votre service communication, pour être sûr que l'objectif est atteint.

« Ma nomination a été annoncée dans différents carnets. Pourquoi s'en passer ? Cela permet de se faire connaître et, en plus, toutes les occasions de parler positivement d'Alexander Hughes sont une bénédiction », résume Julien Rozet, président du directoire de ce cabinet de chasseurs de têtes.

Quand la notoriété du dirigeant est déjà grande et que la société est médiatique, le dirigeant est souvent sollicité pour des portraits. Denis Hennequin s'est prêté au jeu quand il a quitté McDonald's pour Accor en faisant notamment la une de *Challenges* et la der de *Libération*. « Mon idée était que l'on me découvre sous un angle plus personnel. Je l'ai fait surtout pour l'interne », indique-t-il aujourd'hui.

Journal interne, brèves de nominations et portraits dans la presse sont des démarches complémentaires : elles vous permettent en effet de toucher vos équipes, mais aussi les acteurs de votre secteur, auprès desquels vous avez besoin d'être identifié.

Du bon usage des clubs

En région notamment, un dirigeant a intérêt à se faire connaître très vite de ses homologues chefs d'entreprise et des décideurs politiques locaux. Les clubs sont, à cet égard, des lieux très privilégiés pour réaliser ces rencontres. Pascal Schuster, PDG de SAG Thepault, société messine d'infrastructures et de transport d'électricité, en a ressenti très vite le besoin. Quelques semaines après sa nomination en 2009, à 38 ans, il a cherché à se rendre visible localement. « Quand 40 % de votre chiffre d'affaires se fait dans votre région, vous devez rencontrer le plus souvent possible les notables locaux. Metz n'est pas une grande ville et je devais me rapprocher des décideurs. Dès les premières semaines, je suis donc entré dans deux clubs d'affaires locaux : le cercle Charlemagne, créé par Jean-Marie Rausch, ancien maire de Metz qui rassemble beaucoup d'élus locaux, de fonctionnaires et d'industriels ; Moselle Économie, club de patrons et de consultants de la région. »

Mais attention, cela peut ne pas être la priorité de tous les dirigeants. Tout le monde ne réalise pas 40 % de son chiffre d'affaires localement ! Et ce temps précieux – ces rencontres ont souvent lieu le soir – est important pour conserver un équilibre familial ou amical.

Occuper le terrain

Le nouveau dirigeant doit profiter des Cent Jours pour prendre la main en termes de communication. Il doit, en tant que président, être la voix forte de la société et ne pas laisser d'autres acteurs parler quand on l'attend.

Qui représente l'entreprise ?

Le dirigeant n'est pas le seul, évidemment, à représenter l'entreprise. Mais s'il refuse de jouer son rôle de représentation, d'autres le feront à sa place, ce qui n'est pas forcément souhaitable, tant dans la communication interne que dans la communication externe. La problématique dépasse d'ailleurs celle des Cent Jours comme l'a parfaitement souligné Michel Turin dans son ouvrage *Le Grand Divorce – Pourquoi les Français haïssent leur économie* (Calmann-Lévy) : « Les journalistes travaillent dans l'urgence. Ils se contentent souvent des premiers interlocuteurs venus. Les syndicalistes, toujours prêts à répondre aux questions, s'expriment plus souvent qu'à leur tour à la radio, à la télévision et dans les journaux. Les dirigeants des entreprises sont moins bien traités. Ils portent leur part de responsabilité par leur manque de disponibilité. »

En interne, la problématique est la même. Si le dirigeant ne donne pas d'informations directement ou par le biais, par exemple, de sa direction des ressources humaines, d'autres ne s'embarrassent pas pour le faire à sa place.

Il ne s'agit pas qu'une source d'information remplace l'autre. L'enjeu en la matière est tout autre : il porte sur l'équilibre de l'information.

« Je sens que je dois prendre la parole, car trop de monde parle dans notre société. Nous sommes un groupe assez éclaté avec dix-huit bureaux en France, en Espagne, en Italie. Je dois parler pour l'ensemble de ces équipes. Par ailleurs, les partenaires sociaux sont compliqués, très « antipatron » par principe, et ils occupent le terrain par panneaux syndicaux interposés mais aussi par e-mail, par téléphone. Cela ne gênait pas mon prédécesseur. Je pense pour ma part que je dois incarner la société avec d'autres messages », nous confiait un dirigeant rencontré.

Ne pas se laisser prendre de vitesse

L'information peut s'apparenter à une course de vitesse. Le premier qui la donne a souvent raison. Ce qui vient ensuite arrive souvent trop tard. C'est la différence entre l'action et la réaction, entre l'attaque et la défense.

Quand la situation de l'entreprise le permet, le dirigeant doit imposer son rythme et ne pas se précipiter avant de communiquer. L'opinion peut attendre ! « Les Cent Jours sont le temps de l'opinion plus que le temps du patron. Les syndicats, les médias, les collaborateurs vous testent. Le dirigeant, pour sa part, doit garder sa ligne et planter des graines. Il doit installer la posture qui sera la sienne par la suite. S'il se laisse imposer un rythme, il risque de se carboniser plus vite que prévu », indique ainsi Isabelle Veillon, directrice générale d'i&e.

Mais cela n'est pas toujours possible. Il arrive souvent que le dirigeant soit contraint de s'exprimer plus vite que prévu, dès les Cent Jours, sur des sujets qu'il aurait certainement aimé évoquer plus tard, au milieu d'autres. C'est ce qui est arrivé à Éric Pinot (Well) lors d'un plan social. Les syndicats s'exprimaient dans la presse pour faire pression sur la direction. Éric Pinot n'avait pas initialement l'intention de réagir. Il s'y est résolu pour « ne pas perdre la bataille de l'opinion » : « Cela aurait été dramatique de reculer dans les premiers mois sur un sujet si important. La question des journalistes était toujours la même : “vous en licenciez combien ?” Les syndicats leur donnaient une réponse chiffrée, mais n'expliquaient pas le reste : les salariés sur le départ partaient avec deux ans de salaire et cela coûtait 12 millions d'euros à la société. Il fallait rappeler cela pour que les fournisseurs et les distributeurs comprennent que nous n'étions pas aux abois. Il fallait défendre notre marque. Je l'ai fait dans le *Journal du Dimanche* et sur une chaîne locale notamment. J'aurais vraiment préféré d'abord privilégier la communication interne sur le sujet, mais j'ai dû adapter ma stratégie à la stratégie syndicale. »

Créer ses outils de communication

Pour occuper le terrain, le nouveau dirigeant a un gros avantage : il a les moyens de créer ses propres outils de communication.

Il ne faut pas hésiter, en la matière, à rompre avec ce qui se faisait auparavant pour affirmer peu à peu son identité. Yann Marteil, président de Primavista, s'y est ainsi résolu : « J'ai créé des newsletters régulières pour informer les salariés de nos actions et de nos succès. À chaque recrutement, j'envoie par ailleurs à l'ensemble du personnel une fiche de présentation de la personne ainsi que sa feuille de route. J'ai par exemple annoncé moi-même l'arrivée de notre responsable des achats. Je sais bien que beaucoup de nos salariés n'auront jamais de contact direct avec elle. Mais ils doivent comprendre pourquoi demain, par exemple, la société aura un nouveau contrat pour les véhicules de location. Cela ne viendra pas de nulle part. C'est aussi cela la normalité. »

Isabelle Capron, directrice générale de Fauchon a de son côté immédiatement mis en place des forums de rencontres : « Nous avons organisé le premier forum d'information dès mon premier mois dans la société. Trente salariés seulement y ont participé. Aujourd'hui, ils sont plus de deux cents à chaque fois. Mon but est d'être transparente sur les actions que nous menons. J'ai tout de suite parlé de résultats, de projets, en faisant intervenir des gens du terrain. L'entreprise était en sursis, en plein traumatisme et il fallait recréer de la confiance et du lien par le dialogue. »

Choisir des sujets porteurs de sens

Le nouveau dirigeant doit être capable de devenir porte-parole sur des sujets innovants, importants pour l'avenir. Il est tentant de laisser ce type de sujets à un directeur de l'innovation ou à un directeur d'usine. Il est pourtant pertinent que le dirigeant s'en empare pour donner au sujet l'envergure qu'il mérite et pour être d'emblée identifié positivement en interne et en externe.

C'est ce qu'a fait par exemple Jean-Dominique Guiter à la tête de Satas lorsqu'il a pris la parole pour la première fois dans la presse : « Nous lancions une nouvelle gamme de machines et il fallait donner à cette information le plus de retentissement possible. J'ai donc pris la parole en veillant à ne parler que du produit. »

Alain Chamla, à la tête de France Champignon, a pour sa part profité de la sortie de terre d'une nouvelle maison de la culture pour inviter élus et journalistes : « Cette maison de la culture était la plus grande du monde. C'était une façon de dire que nous étions modernes et que nous allions nous servir de cet outil pour avancer. C'était important de communiquer, car les banques et la Région s'étaient portées caution. »

Quant à François-Philippe Pic, président de Mondial Assistance France, il a identifié deux sujets – la voiture électrique et l'innovation – sur lesquels il a vite construit son discours, en veillant « à ne pas se positionner sur les plates-bandes des autres porte-parole ».

Annoncer ce que vous allez faire

Se faire connaître et occuper le terrain ne suffit pas. Le dirigeant doit pouvoir dire assez rapidement ce qu'il va faire.

Avoir des choses à dire

Il faut éviter de parler pour ne rien dire. Cela semble une évidence, pourtant certains directeurs généraux se laissent parfois enivrer en début de mandat par la facilité de leur accès aux médias. Avoir sa photo dans le journal, se faire appeler par ses amis, sa famille : voilà qui peut faire tourner la tête de certains jeunes patrons. Mais la démarche est peu utile et peut même s'avérer dangereuse.

Le nouveau dirigeant, souvent très sollicité par la presse en début de mandat, doit se poser une question simple : est-ce utile pour l'entreprise de répondre ? Le marketing personnel peut conduire au pire quand il ne coïncide pas avec les enjeux réels de la société. « Le piège classique pour les nouveaux patrons, c'est celui de l'"humanisation". Les journaux sont très preneurs d'angles du type "les patrons en vacances", "les hobbies des patrons". Mais quel est l'intérêt pour l'entreprise ? Le reportage sur les crêpes à la Chandeleur dans une cuisine qui est souvent trois fois plus grande que le salon d'un ouvrier est catastrophique. Surtout en début de mandat ! », rappelle Jean-Pierre Beaudoin.

En matière de communication, le nouveau dirigeant doit avoir en tête sa feuille de route et communiquer avant tout sur sa mission essentielle. A-t-il été choisi pour régler un enjeu commercial, financier, humain ? Rapidement, le nouveau dirigeant doit montrer qu'il s'attaque au cœur du problème.

Comment communiquer son plan stratégique ?

Dans ce domaine, certaines règles sont à respecter : la communication doit être concentrique.

Le mandant doit évidemment être le premier informé. Consulté idéalement au cours de la mise en place de ce plan, il doit être le premier à avoir une vue d'ensemble. Avant de prévoir toute autre communication, il faut évidemment lui laisser le temps de réagir et de prendre en compte les suggestions qu'il pourrait faire.

Par la suite, le comité de direction peut être informé. Généralement, il vous a aidé à bâtir ce plan, mais ne le connaît pas dans sa totalité.

Ce n'est que dans un troisième temps que les institutions représentatives du personnel sont informées ainsi que l'ensemble des salariés.

« J'ai décidé de communiquer très vite sur notre plan stratégique auprès de nos équipes. Donner une grande image au plus grand nombre est une forme de confiance et un formidable outil de motivation. Dès que j'allais dans une mine, au Niger par exemple, j'emportais mes présentations. L'idée était de partager les enjeux de la mine, bien sûr, mais aussi les enjeux globaux, afin que chacun puisse mesurer son impact sur les résultats de l'ensemble », indique Sébastien de Montessus (Areva).

Les médias sont aussi un formidable levier pour communiquer ce plan. L'annonce en externe d'un plan stratégique a beaucoup plus de poids, en interne, que si vous le communiquez uniquement sur votre intranet ou dans votre journal interne. Cela prend alors généralement la forme d'une longue interview, à l'image de celle donnée par exemple par Jean-Paul Chifflet, directeur général de Crédit Agricole SA aux *Échos* le 17 mars 2011 (Titre : « Ce plan nous permettra de doubler le résultat net de Crédit Agricole SA) ou encore, celle déjà mentionnée de Jean-Marc Tassetto, directeur général de Google France dans *le Figaro* sous le titre « Google cherche l'apaisement en France ».

Pour Damien Guermonprez (BuyWay) : « Quelque chose dont on ne parle pas dans les médias n'existe pas pour les clients, ce qui est normal. Mais cela vaut aussi pour les collaborateurs. Communiquer dans la presse sert non seulement à accompagner la communication interne, mais aussi à faire céder les derniers récalcitrants qui hésiteraient encore à s'engager. Une fois que l'ambition est relayée par la presse, il devient impossible de faire marche arrière. »

Sans compter la fierté ressentie par les collaborateurs dès lors qu'ils découvrent leur patron dans le journal et qu'ils doivent répondre aux questions de leur entourage sur le sujet. D'un coup, ils deviennent les meilleurs ambassadeurs de l'entreprise.

« Ne vous inventez pas un personnage ! »

Éric Revel, directeur général de LCI, est un habitué des interviews de dirigeants. Il en a réalisé aux Échos, *notamment, et bien sûr sur sa chaîne. Il livre quelques conseils aux dirigeants pour leurs premières prises de parole médiatiques.*

Qu'est-ce qu'une bonne interview de dirigeant en début de mandat ?

Éric Revel : Avant de répondre à votre question, je crois qu'il faut tout d'abord définir le type de dirigeants dont nous parlons. Parmi les nouveaux dirigeants issus de l'interne, vous avez tout d'abord le dauphin annoncé qui accède enfin au poste après des années dans l'ombre. Il a vécu des années difficiles à ronger son frein, et doit savoir marquer son territoire. Vous avez aussi le dauphin non désigné qui apprend sa nomination quelques jours avant son entrée en fonctions. En matière de communication, c'est certainement le cas le plus simple puisqu'il peut parler du passé assez librement. En revanche, il suscite davantage d'appréhension. Il y a aussi le cas du dauphin qui n'est finalement pas désigné. Celui-ci ne concerne pas directement votre sujet, mais, pour les journalistes, c'est une mine d'informations en off.

La première interview doit-elle coïncider avec l'annonce du plan stratégique ?

É.R. : Certainement pas. Cela se fait dans un second temps seulement. La stratégie de l'entreprise est quelque chose de trop sérieux pour qu'on puisse donner le sentiment d'improviser. Pour le dauphin désigné, communiquer rapidement sur la stratégie donne en plus l'impression qu'il y pense depuis des années. Ce n'est jamais très bon... Il faut donc attendre la fin des Cent Jours pour minimiser les risques d'erreur et prolonger, en plus, l'état de grâce.

Quels doivent être alors les objectifs de la première interview ?

É.R. : Il n'y en a qu'un ! La première interview doit permettre au nouveau dirigeant d'incarner un certain type de patron : autoritaire, charismatique, consensuel, stratège par exemple. Elle doit révéler le trait saillant de son leadership. Et attention, cette image doit correspondre à la réalité du personnage. Il ne faut pas tricher, car cela finit tôt ou tard par se savoir.

Vous avez des exemples de premières interviews réussies selon ce critère ?

É.R. : Prenons par exemple le cas de Jean-Marie Messier. Son message initial était simple et peut se résumer par : « je suis un visionnaire, je suis un stratège ». Son credo était de rapprocher contenants et contenus, et on se rend compte aujourd'hui qu'il a eu raison avant tout le monde sur le sujet. Cette image s'est ensuite effritée, quand il a passé la frontière du « people » et que l'on a commencé à parler de ses chaussettes percées, etc. À la fin, on ne savait plus si l'on recevait un objet médiatique ou le patron de Vivendi Universal. Ce penchant l'a perdu, alors qu'au départ son image de stratège était plutôt bonne.

Je me souviens aussi d'une interview d'Arnaud Lagardère que j'avais réalisée aux *Échos* avec Nicolas Beytout, juste après le décès de son père. C'était une excellente interview, car il endossait tout de suite les habits de dirigeant et se présentait en successeur naturel. Sa posture était affective, plus que stratégique, ce qui lui a permis, je pense, de gagner du temps. Rétrospectivement, on peut aussi se dire que, dès cette interview, il révélait un trait de sa personnalité et de son management : l'affectivité.

Faut-il parler du passé, de son prédécesseur dans une première interview ?

É.R. : Le nouveau dirigeant a un droit d'inventaire quelles que soient les conditions de son arrivée et ce, même quand son prédécesseur était un patron emblématique. Il doit cependant le faire finement sans citer le nom de son prédécesseur, en soulignant le formidable travail qui a été réalisé jusqu'alors, tout en donnant quelques pistes pour l'avenir. Parfois, cela constitue une critique en creux de ce qui a pu être fait dans le passé. Et la gestuelle en dit souvent plus que le discours...

Quels sont les pièges à éviter lors d'une interview de début de mandat ?

É.R. : Les chefs d'entreprise sont souvent très attirés par les médias, qui constituent pour eux une vraie tentation. Ils doivent se méfier de cela. Il n'est pas possible de venir sans préparation à une interview. Ce n'est jamais le cas pour les grands patrons qui sont pris en mains par des agences de communication. Mais cela arrive dans des sociétés plus petites. Dans ce cas, le chef d'entreprise récite la fiche de sa société : son chiffre d'affaires, sa présence internationale, etc. C'est creux, et tout à fait inopérant.

Ils doivent aussi se méfier des fausses bonnes idées d'attaché(e)s de presse qui les incitent à parler d'un sujet technique dans l'actualité, sans plus de discernement. En début de mandat, si la préparation n'est pas au niveau, cela peut être une catastrophe ! J'ai souvenir d'avoir réalisé ainsi sur LCI l'interview d'un nouveau chef d'entreprise sur un produit : cela devait durer huit minutes, j'ai tout arrêté au bout de trois...

Faut-il privilégier la télévision ou un support papier pour une première prise de parole ?

É.R. : Pour la première interview, je recommande la télévision ; pour la communication d'un plan stratégique en revanche, un média économique comme *les Échos* est tout désigné, notamment parce qu'il vous donne plus de place.

À la télévision, vous allez pouvoir dévoiler votre personnalité, à condition que votre gestuelle coïncide avec votre discours. Ces deux paramètres doivent être maîtrisés, ce qui n'est pas toujours facile pour un nouveau dirigeant. Cependant, quand le dirigeant a décidé d'être lui-même, cela se passe en général plutôt bien. Encore une fois, ce n'est pas parce que l'on prend un poste de dirigeant que l'on doit s'inventer un personnage.

Une mauvaise interview de début de mandat peut-elle être rédhibitoire pour la suite ?

É.R. : Pas du tout. Pour un chef d'entreprise, les résultats restent le seul juge de paix.

À ces fonctions, nous avons tous des ego, mais il faut faire très attention. Je pourrais passer un temps incroyable avec les médias sans que cela ne serve vraiment à grand-chose. Je crois que c'est un danger de début de mandat. Quand vous êtes patron d'une société du CAC 40, vous devenez tout de suite médiatique.

Chez McDonald's, je donnais deux interviews par an au Financial Times à Londres pour parler de nos résultats et c'était tout, grosso modo. Aujourd'hui, c'est différent. D'autant que j'aime la moto, la musique : les médias m'ont répertorié comme un profil atypique.

Il faut refuser de rentrer dans leur jeu et se demander systématiquement si les prises de parole sont bénéfiques ou non pour l'entreprise.

C'était légitime de répondre à quelques journalistes en ce début de mandat, mais cela a provoqué un enchaînement de demandes auquel je ne répondrai pas. Je vais me faire discret, me concentrer sur l'essentiel.

Ce qui vaut avec la presse vaut aussi pour les dîners en ville, les réceptions, les paillettes. Je ne me vois pas modifier une date de comité exécutif pour participer à ces événements. Il faut toujours revenir à la question originelle et se demander ce qui est essentiel.

Denis Hennequin, PDG d'Accor

CHAPITRE IX

LES DIX PIÈGES À ÉVITER

Ce chapitre ne vise pas l'exhaustivité. Il y a évidemment bien plus de dix erreurs à éviter dans les premiers mois de prise de fonctions, à un poste de dirigeant. Ne cherchez pas non plus de caractère scientifique à notre analyse.

Les items retenus ne reposent sur aucun sondage ou approche quantitative. Les dirigeants interviewés se sont contentés de répondre à la question « quel est le piège à éviter absolument ? » et nous avons fait une sélection dans les réponses qui nous sont apparues les plus pertinentes et les plus récurrentes.

Bref, nous assumons totalement la subjectivité de cette liste de chausse-trapes, qui repose aussi très largement sur notre expérience de consultants. Ce chapitre est aussi une façon de passer à nouveau en revue les principales problématiques de cette période originelle.

L'excessive solitude

La thématique de la solitude est récurrente chez les nouveaux directeurs généraux. « Mes trois premiers mois ont été un grand moment de solitude. J'étais totalement submergée et je ne pouvais rien partager. Je n'avais pas envie de déranger le conseil d'administration pour des questions de gestion quotidienne », explique Isabelle Proust, ex-directrice générale du groupe Bernard Loiseau.

Ann Verledens (Keystone Dental) partage ce sentiment. Revenant sur ses expériences de directions générales précédentes, elle considère que la solitude est une réalité assez terrible à vivre à ce poste : « Je me rends compte que, durant cette période et même après, il n'y avait en fait qu'avec mon mari que j'échangeais librement sur tous les sujets. Les équipes attendent l'impulsion, l'actionnaire attend que tu te débrouilles. Tout le monde attend de toi des réponses et tu retrouves seule, au milieu, à prendre des décisions. »

Cette solitude, angoissante à bien des égards, est l'apanage de tous les dirigeants de ce niveau. Vous êtes l'ultime responsable de la bonne marche de l'entreprise.

Il ne s'agit pas cependant de tomber dans le symptôme de l'« hyper responsabilité » qui conduit au pire, sur le plan psychologique mais aussi souvent sur le plan économique.

Un dirigeant doit d'emblée accepter de jouer ce rôle d'ultime rempart, mais il doit aussi très vite pouvoir en parler. Non pour partager le fardeau de cette responsabilité – il faut bien sûr déléguer au maximum –, mais pour enrichir son action (c'est le rôle du comité exécutif et des consultants) et pour prendre du recul (c'est le rôle d'un coach par exemple sur le plan émotionnel ou psychologique).

N'entrez pas dans les détails de vos enjeux avec vos proches. Ils sont votre oxygène durant la période : « Pendant les premiers mois, j'ai tout raconté par le menu à mon épouse et j'ai senti très vite que ce n'était pas la solution. J'aurais dû me contenter des grandes lignes. Nous avions peu de temps ensemble durant les Cent Jours et j'aurais certainement dû m'intéresser davantage à mes proches, à mes enfants plutôt que de ramener ma montagne de problèmes à la maison. Mais ce n'est pas facile... », nous confiait un jeune directeur général.

Le sauveur qui oublie l'histoire !

Vous n'êtes pas un super héros ! La société existait avant vous, elle existera après vous le plus souvent. Il est donc sage, dès le départ, de ne pas dénigrer le passé, critiquer votre prédécesseur qui n'était décidément pas à la hauteur, arriver avec vos référentiels, vos recettes qui ont si bien marché dans votre expérience précédente. « Comment avez-vous pu laisser cette usine ouverte si longtemps ?

Moi, chez X, j'ai tout de suite, etc... » Les dirigeants-je-sais-tout finissent vite par ne plus savoir grand-chose devant la complexité des situations affrontées et l'hostilité qu'ils arrivent très vite à susciter. La finesse du leadership finalement, c'est d'imposer sa vision en respectant l'histoire. Et tout se joue dès le départ.

« Quand vous venez d'être nommé, vous devez être très humble devant l'histoire de la société et ne pas sortir des solutions toutes faites de vos cartons. Une entreprise qui existe depuis des décennies ne peut pas avoir tout faux. De surcroît, une entreprise n'est pas une mobylette. Toutes ont une certaine inertie et je ne crois pas aux grands coups de barre », explique Claude de Saint Vincent, directeur général de Média Participations.

D'autant que vous allez souvent avoir de bonnes surprises. Éric Pinot (Well) a ainsi découvert à son arrivée que ses équipes réfléchissaient à la création de nouveaux mini-bas retenus par des perles de silicone. Ils devaient tenir au mollet sans serrer ni marquer. Exactement ce que demandaient les clientes. « J'ai accéléré le processus en créant une task force sur le sujet, et nous avons sorti le produit un an après mon arrivée. Le succès à été immense. Il faut donc faire le tri entre le bon grain et l'ivraie, et ne pas tout mettre à la benne en considérant que ce qui a été fait auparavant est forcément mauvais », résume-t-il.

Bref au départ, il s'agit d'observer, sans *a priori*, afin de s'imprégner de cette histoire qui constitue un cadre dans lequel vous allez pouvoir vous exprimer. Démolir ce cadre d'emblée, c'est casser la société. Place donc au changement dans la continuité !

L'impatience dans la transition !

Certains jeunes dirigeants n'apprécient guère la formule du binôme lors de leur arrivée au prétexte notamment qu'elle ne leur permet pas d'être « identifiés clairement en interne » ou encore qu'elle « ne leur permet pas de profiter vraiment de leurs cent jours ». Ils se trompent. Le binôme est un luxe dont il faut savoir profiter avec patience et humilité, car il permet d'éviter bien des erreurs.

Beaucoup de sociétés privilégient durant un temps plus ou moins long – de quelques jours à plusieurs mois – la constitution d'un binôme à leur tête, souvent entre l'ancien et le futur dirigeant. La formule est évidemment vertueuse : « Se faire accompagner par un leader qui connaît tout du métier et qui transmet son savoir sans arrière-pensée est une situation très privilégiée et bénéfique pour tous », considère Christophe de Margerie, PDG de Total.

Beaucoup, dans des sociétés plus petites, ont connu des transitions vertueuses. C'est le cas d'Alain Calmé, président du directoire d'Homair : « Dès le départ nous avons prévu que le fondateur de la société m'apprendrait le métier pendant un an pour m'éviter certaines erreurs. Je me sens au point sur les questions de finance, de marketing, de rapprochements ou encore de stratégie. Mais je dois apprendre le métier du camping et du mobil-home. Un mobil-home qui touche un talus prend l'humidité. La structure s'abîme alors en six-sept ans. Un mobil-home bien posé et bien entretenu en revanche a une durée de vie de quinze ans et cela change tout au business model. Il faut le savoir, non ? Qui est mieux placé pour me le dire que le fondateur ? »

Bruno Carbonaro a aussi beaucoup apprécié le binôme formé avec le président de Fives Nordon à son arrivée dans la société : « Nous ne nous sommes pas considérés comme des concurrents. Ce binôme a très bien fonctionné et cela a été une période extraordinaire d'apprentissage pour moi. Qui plus est, nos qualités sont très complémentaires. C'est un ancien RH devenu président, membre du directoire du groupe. Il aime la stratégie, les finances, le développement, mais moins les logiques opérationnelles. Or moi, réorganiser une usine pour faire monter en puissance des chefs d'atelier, j'adore ! »

La rencontre hâtive des clients

Les clients sont la raison de vivre d'une société. Certes. Pourtant, il faut savoir attendre le moment opportun – le fameux *kaïros* des Anciens – avant de leur rendre visite.

Le moment opportun peut intervenir dans les Cent Jours, notamment lorsque vous souhaitez faire un diagnostic complet de votre société et que vous souhaitez entendre l'ensemble des acteurs de votre écosystème. « C'est un bon moyen aussi de créer une complicité avec les équipes commerciales », considère Jean-Dominique Guiter (Satas).

Dans son ancien poste à la tête de Melitta, Cyrille Grandjean se souvient pour sa part avoir attendu près de six mois avant d'aller à la rencontre des responsables de moyennes et de grandes surfaces : « Avant d'aller voir un client, il faut savoir vraiment de quoi on parle. L'idée est bien sûr de faire connaissance, mais aussi de bâtir une stratégie gagnant-gagnant. »

Il faut donc travailler dur avant de les rencontrer – « impossible d'y aller avec sa bonne tête et son sourire », considère Jean-Dominique Guiter – surtout lorsqu'on vient d'un secteur différent. La première impression est tellement importante.

Un directeur général dans les biens de consommation, nommé en fin d'année, n'a pas vraiment intérêt à aller voir ses clients de la grande distribution : « C'est le moment des négociations ! Si vous y allez pour vous présenter, on va fatalement vous parler des prix et vous ne pourrez plus jouer votre rôle de dernier recours », explique encore Cyrille Grandjean.

Rien ne sert de trop promettre !

C'est souvent un défaut de jeunes dirigeants enthousiastes. Tous ont fait un jour ou l'autre cette erreur. Il ne s'agit pas bien sûr de fixer des objectifs *a minima* pour être plus ou moins sûr de les atteindre. Ce n'est pas le sujet et on vous reprochera d'ailleurs, si vous le faites, votre manque d'ambition. En la matière, il faut oser voir grand, car c'est en affichant de vraies ambitions rapidement que vous parviendrez à entraîner vos équipes.

Mais il faut manier les chiffres avec précaution. Chaque objectif chiffré doit être accompagné d'une stratégie, de moyens tangibles. « Le piège au départ, c'est de promettre n'importe quoi, de dire par exemple que vous allez faire 40 % de votre chiffre d'affaires à l'international dès la fin de l'année. D'ailleurs, qui peut vous croire ? Il faut en revanche indiquer un cap, dire clairement que l'international – la Chine dans le cas de Delta Dore – est désormais une priorité », conseille Marcel Torrents, directeur général de la société bretonne.

La surpromesse se glisse aussi dans le management quotidien, où il faut absolument éviter les effets d'annonce. Une annonce prématurée peut se retourner très vite contre vous. Attendez d'avoir certaines certitudes avant de communiquer. Pascal Schuster, PDG de SAG Thepault, a expérimenté cette situation en annonçant à son comité exécutif une nomination alors que la personne concernée n'avait pas encore donné sa réponse : « Au début, je me suis trop avancé sur certaines décisions que je n'ai pas pu mettre en œuvre. Concernant une promotion en interne notamment. J'avais un accord de principe, mais sans être entré dans les détails. Ce n'est jamais bon. Cela donne une impression de précipitation et d'approximation. »

Vitesse oui, précipitation, non !

Un nouveau dirigeant doit savoir aller vite. La mondialisation, la concurrence le lui imposent. Mais il doit aussi savoir où il va et pour combien de temps !

Malgré la pression de l'actionnaire, du groupe, il est bon parfois de savoir prendre son temps. « Quand on a une trésorerie solide, on a plus de temps que l'on croit et il faut prendre le temps de faire accepter les changements. Si vous voulez les imposer coûte que coûte, vous créez immanquablement un raidissement qui, souvent, vous fait perdre plus de temps encore », considère justement Isabelle Proust (ex-directrice générale du groupe Bernard Loiseau).

François-Philippe Pic (Mondial Assistance France) est lui aussi un adepte du consensus, plus que du passage en force. Fatalement, cela requiert parfois quelques mois supplémentaires : « Pour faire avancer les choses plus vite, j'aurais certainement pu être plus directif au départ, mais ce n'est pas ma personnalité. Il faut savoir sentir quand les choses sont mûres pour agir. Les résultats sont bons et il faut une bonne raison pour amorcer un changement, comme celui de notre réorganisation par exemple. Et puis, je me méfie : celui qui change tout en six mois, où est-il six mois après ? »

Bref, le nouveau dirigeant doit savoir gérer le temps et ne pas envisager son rôle comme une course contre la montre. Oui, les Cent Jours sont importants. Oui, ils conditionnent souvent la réussite d'un mandat. Reste qu'on ne peut pas tout faire en cent jours. « Les dirigeants sont tous des marathoniens », nous dit Xavier Fontanet, président d'Essilor. Constatez par vous-mêmes : le vainqueur d'un marathon est toujours bien placé après les premiers kilomètres. Mais c'est souvent à partir du 35e kilomètre que se joue la course.

Gare aux cocktails !

Les dirigeants, dès leur prise de poste, peuvent passer leurs soirées en cocktails, cérémonies, remises de médailles, expositions, etc. Ces invitations émanent des clients, des fournisseurs, de la municipalité du lieu où est située l'entreprise, etc.

C'est assez grisant au départ, car ces invitations sont une preuve d'accession à un nouveau statut. « Les invitations que vous recevez chaque jour peuvent conduire à une certaine dispersion. J'en recevais entre trois et dix par jour ! », rappelle Anne-Christine Arnould, ex-directrice générale d'Expedia.

Ces activités mondaines prennent du temps, or, dans les Cent Jours, le temps est la denrée la plus précieuse du dirigeant. Il est donc important de se poser les bonnes questions avant de répondre positivement à ces invitations. Trois critères sont à retenir : Qui m'invite ? Ai-je envie de m'y rendre ? Ma présence est-elle utile à l'entreprise ?

Ces moments sont pris sur le temps personnel et certains n'hésitent donc pas à y ajouter un critère supplémentaire : « Dès le départ, j'ai décidé d'associer mon épouse à ces manifestations. Finalement, en la matière, c'est elle qui décide ! », nous a ainsi confié un dirigeant.

Nous l'avons vu, les Cent Jours sont certainement la tranche de mandat la plus épuisante : intellectuellement, car le dirigeant doit « absorber » quantité d'informations, et physiquement, parce que les journées sont très longues. Il est donc important d'être très sélectif sur les « extras » qui ne doivent pas mettre à mal votre hygiène de vie et votre discipline personnelle quasi monastique.

Ne pas laisser les autres décider à votre place

Un dirigeant doit savoir trancher et ne pas laisser les autres le faire à sa place. « Être libre, c'est ne pas se laisser soumettre au diktat du : "Nous avons étudié les différentes hypothèses, notre recommandation est..." C'est à vous et à vous seul de choisir. Si la décision est déjà prise, pourquoi vient-on vous voir ? », souligne Franck Riboud, PDG de Danone.

Cette situation est très fréquente dans les Cent Jours. Certains en jouent en effet : « Beaucoup se disent : "il est nouveau, il ne connaît pas, il va forcément valider." On a le choix alors entre faire confiance tout de suite ou prendre du recul au risque de perdre un temps précieux », analyse Cyrille Grandjean.

Alain Calmé a vécu une mauvaise expérience de ce type. Convaincu rapidement qu'il fallait changer le système informatique de sa société en raison notamment d'un bug intervenu dans les semaines précédentes, il a finalement cédé devant ceux qui lui ont dit qu'il avait « la meilleure équipe de la profession à disposition ». Bilan : un nouveau bug est intervenu quelques semaines plus tard avec, comme résultat, une perte nette d'un million d'euros (70 % du chiffre d'affaires de la société se fait sur internet). « Il faut parfois faire confiance à son œil neuf et se méfier de la structure », conclut-il.

Se mêler de tout, sans discernement

Devenir dirigeant ne veut pas dire s'occuper de tout ce qui touche à la vie de sa société. C'est pourtant ce que croient certains directeurs généraux lorsqu'ils entrent en fonctions. « Je ne m'occupe pas des tondeuses à gazon, dit en riant Marcel Torrents de Delta Dore. Je ne suis pas allé non plus dans une usine que nous avions décidé de fermer. À quoi cela aurait-il servi ? »

Bref, un dirigeant doit tout de suite se situer à bonne altitude pour pouvoir faire son travail, ce qui ne veut pas dire pour autant qu'il perde contact avec le terrain. Le secret réside en fait dans les allers-retours entre la stratégie de haut vol et l'opérationnel. « Quand vous êtes dirigeant, vous devez savoir faire l'hélicoptère, prendre de la hauteur et aller dans le concret, faire la stratégie et veiller au packaging de vos boîtes de collants. Pour la boîte du Body Galbe par exemple, j'ai donné mon avis sur la couleur de la boîte, la taille des jambes du modèle, etc. Cela peut paraître du détail, mais c'est pourtant essentiel. C'est cela qui va faire que vos collants vont se vendre ou non », explique Éric Pinot (ex-Well).

Cette stratégie de l'hélicoptère a un grand mérite : elle permet de survoler l'ensemble des grands sujets de la société et de choisir, quand le moment est adéquat, de s'y plonger. Elle est un juste milieu entre stratégie et terrain, entre vision et opération. Elle est un bon moyen d'optimiser son temps dans les cent premiers jours, et également après, bien sûr.

CHAPITRE X

CONSEILS DE GRANDS PATRONS

Outre Denis Hennequin dont le témoignage sert de fil rouge à cet ouvrage, nous sommes allés à la rencontre de Xavier Fontanet (Essilor), de Christophe de Margerie (Total), de Franck Riboud (Danone), ou encore de Pascale Sourisse (Défense et Sécurité de Thales). Nous avions plusieurs objectifs : nous voulions comprendre tout d'abord, si, à la tête d'aussi grands groupes, les problématiques des Cent Jours étaient les mêmes que dans des entreprises de taille intermédiaire (ETI). Nous voulions aussi savoir ce que ces grands patrons attendent concrètement des dirigeants qu'ils nomment dans cette période.

Les dirigeants, quel que soit leur niveau, conçoivent cette période comme un moment à part, où le principal défi est de « gérer l'accumulation » (Pascale Sourisse). C'est une thématique évoquée systématiquement par l'ensemble des dirigeants.

La principale différence réside finalement dans l'effet loupe du grand groupe, où les enjeux sont décuplés, mais où l'on peut aussi davantage déléguer.

Bref, quelle que soit l'entreprise, les Cent Jours restent un enjeu fort qu'il faut savoir négocier et considérer comme une véritable rampe de lancement pour la suite.

Au cours d'une discussion informelle avec l'un des plus grands dirigeants français, nous lui avons demandé ce qui se passerait s'il devait être remplacé le lendemain par un parfait inconnu sans expérience du management, ni du secteur. Le grand public a en effet souvent l'impression qu'avec le bataillon de diplômés aux postes stratégiques des sociétés, une entreprise est un paquebot qui peut avancer seul, sans véritable à-coup.

Nous n'avons pas été déçus par la réponse : « C'est très simple. Le cours de Bourse commencerait par perdre 25 % dans la semaine suivant la nomination, car le marché n'aime pas l'inconnu. Puis au bout de quatre à cinq mois, les principaux cadres de la société quitteraient le navire par dépit, mais aussi par incompréhension. À ce niveau, il faut avoir confiance en son leader, sans cela tout s'écroule très vite. C'est cet aspect qui est le plus grave, car les équipes sont la moelle épinière de la société et elles ne sont pas facilement remplaçables. Au bout d'un an, je ne serais pas surpris que la société se fasse reprendre par son principal concurrent ! »

Il n'en reste pas moins que les grands dirigeants ont certainement une relation plus sereine au temps. Du fait de leur expérience, mais aussi de la place centrale de leur société dans son écosystème, ils sont, plus que les autres, maîtres du jeu.

Lorsqu'un dirigeant est nommé chez Danone, Essilor ou Total – trois sociétés du CAC 40 – le message est le même dans les premiers mois : « Surtout, ne prendre aucune décision ! »

Le temps de l'observation est un impératif dans ces grandes entreprises. Est-ce un luxe ? Certains dirigeants d'ETI considèrent ce délai comme absolument impossible dans leur société : on leur demande tout de suite d'être opérationnels, d'avoir des résultats.

Prendre son temps est pourtant le conseil le plus précieux que leur adressent ces grands patrons : « J'observe ce qui se passe dans les entreprises familiales. Ce sont des entreprises que je connais bien, pour des raisons familiales justement. Les actionnaires y sont trop réactifs. Ils ne laissent pas aux dirigeants le temps de s'installer, de prendre leurs marques et d'apporter véritablement de la valeur (...) Les actionnaires doivent être patients et surtout intelligents, car c'est dans la durée que se construisent les plus belles réussites », indique en ce sens Christophe de Margerie, PDG de Total.

Xavier Fontanet : « Les dirigeants sont des marathoniens »

Pour le président d'Essilor, l'action d'un directeur général s'inscrit dans le temps. Les cent premiers jours n'ont guère d'importance.

« Cette question des "cent jours des dirigeants" est curieuse, car elle ne correspond pas vraiment à la réalité d'une entreprise comme Essilor.

« Devenir directeur général – au sens "directeur de filiale" – au sein d'un groupe comme le nôtre est rarement une surprise pour celui qui le devient. Nous proposons ces postes à des gens qui y sont préparés. Nos dirigeants sont le plus souvent – dans neuf cas sur dix – dans l'entreprise depuis dix ou quinze ans, nous les connaissons parfaitement. Ils ont grandi dans la culture Essilor et arrivent à ce niveau de responsabilités, car ils ont prouvé qu'ils en avaient les qualités. Autrement dit, cela s'inscrit dans une continuité.

« Un dirigeant a déjà eu des expériences réussies dans un ou deux pays, les équipes savent les combats qu'il a menés, chacun connaît ses états de service. Tout cela le rend légitime et le place d'emblée en situation de réussir.

« Nous n'allons pas chercher systématiquement des directeurs généraux à l'extérieur de l'entreprise pour une raison simple : la greffe d'une grosse branche sur n'importe quel arbre est toujours plus difficile. Ceci dit, nous le faisons avec des gens de grand talent pour enrichir le terreau humain et ne pas rester exclusivement entre nous. J'ajoute que nous avons une politique très active d'acquisitions et de joint-ventures. Celle-ci nous amène énormément de talents. Tout est affaire de dosage : nous sommes une méritocratie, donc la règle est la promotion interne. Mais nous sommes en forte croissance externe et nous sommes curieux, nous aimons donc bien aussi les entrées de talents de l'extérieur !

« Lors des premiers mois, un nouveau directeur général ne prend aucune décision ! C'est une phase d'observation, d'écoute au cours de laquelle il apprend à connaître son environnement, les équipes, mais aussi les produits. En général, nos directeurs généraux arrivent à la tête d'activités qui fonctionnent. Pourquoi voulez-vous casser tout cela ? Ils sont entourés d'hommes et de femmes qui ont une expérience à partager. Cela constitue une valeur énorme et ils le savent. Pas question d'arriver avec des équipes nouvelles, par principe, qui viendraient compromettre ce bel équilibre. Chaque élément nouveau doit avoir sa raison d'être et apporter une compétence de plus à l'équipe.

« Au départ, le directeur général doit chercher à comprendre au mieux les sujets, les domaines qu'il connaît le moins. Mais attention : il doit savoir faire confiance aux personnes qui l'entourent, qui connaissent leur métier.

« Quand l'environnement est plus difficile, cela arrive parfois, nous refusons de juger trop vite. On sait que redresser une situation peut prendre deux ou trois ans et être particulièrement complexe. Dans ce cas, nous faisons corps, comme une armée derrière un général sur un terrain difficile.

« Un lieu commun doit être combattu avec force : celui du court-termisme des entreprises. Un dirigeant réfléchit au contraire sur le long terme. Les verres ophtalmiques ont cent ans d'histoire !

« Aujourd'hui, nous nous projetons dans vingt ou vingt-cinq ans pour savoir comment notre entreprise pourra profiter de la mondialisation, du développement des pays émergents. Voilà notre horizon de temps ! Qu'est-ce que cent jours à cette échelle ?

« Nous avons l'habitude de juger les directeurs généraux sur leurs résultats, bien sûr, mais aussi sur les parts de marché et l'évolution du capital humain. Nous n'aimons pas les gens qui font du résultat court terme en sabotant les parts de marché et cette idée des "cent jours" est, de ce point de vue, très dangereuse. Quelqu'un qui ne raisonne qu'à court terme abîme l'entreprise, il fait des dégâts même si ses résultats sont flatteurs au départ. Bref, il ne construit rien de solide. Or une entreprise a besoin de racines pour être performante. Le capital humain est fondamental dans l'évaluation, car un dirigeant doit savoir faire grandir ses équipes. C'est une condition de réussite de l'ensemble de la société et cela repose sur la confiance. Le dirigeant doit savoir l'instaurer et la préserver pour réussir.

« Le directeur général est le garant de cette confiance. Pour cela, il doit anticiper les situations autant que possible. Être surpris, c'est déjà avoir perdu. Il doit avoir toujours trois ou quatre coups d'avance.

« Pour conclure, il est très compliqué de juger de la réussite d'un dirigeant avant cinq années. Laissons les Cent Jours aux analystes politiques. Ce qui est vrai en revanche, c'est, pour quelqu'un qui n'a jamais été placé en position de dirigeant, l'importance particulière de ce premier contact grâce auquel nous allons comprendre si la personne a du charisme ou pas, et si elle saura faire travailler les gens ensemble. Le bon dirigeant doit savoir instaurer très vite un climat de confiance autour de lui et cela ne se décrète pas. Cette confiance tient à sa personnalité, à son comportement... c'est un petit mystère qui se révèle assez rapidement.

« Les dirigeants sont tous des marathoniens. Pour eux, les premiers kilomètres ne sont pas les plus importants, même s'ils donnent d'une certaine façon le tempo. Il faut au contraire de l'endurance, car il faut inscrire son action dans la durée. C'est au fil des années que se construit la confiance des équipes, des clients, du marché et qu'un cercle vertueux peut s'enclencher. C'est fondamentalement cela que l'on attend d'eux. »

Christophe de Margerie : « C'est tout simplement une question de confiance ! »

Le PDG de la plus grande entreprise de France a beaucoup fait évoluer la culture interne en matière de nomination des dirigeants. Il leur donne un conseil pour réussir leurs « cent jours » : « Ne vous prenez pas trop au sérieux ! »

« Les "cent jours" me semblent une notion un peu artificielle, et ce n'est d'ailleurs pas une étape formalisée chez Total. Nos dirigeants viennent à 95 % du sérail. Cela nous permet de les voir évoluer, de les juger, de sentir leur potentiel. Bref, avant de les nommer, nous les connaissons, ils sont imprégnés de la culture "maison", ce qui limite les risques d'erreurs et de malentendus. Il faut être clair : la réussite d'un nouveau dirigeant est la réussite de l'entreprise. Nous sommes dans une relation gagnant-gagnant, l'intérêt est commun.

« J'ai pour habitude d'annoncer moi-même la nomination aux dirigeants dans une lettre personnalisée. C'est une manière de solenniser ce moment important. Toutefois, ces fameux "cent jours" relèvent plus de l'inconscient collectif. C'est surtout vrai pour un dirigeant venant de l'extérieur d'autant que, pour lui, la période d'essai de six mois officialise la phase d'adaptation. Mais je pense qu'il faut tout faire pour la dédramatiser et éviter que les dirigeants, comme les salariés, vivent cette situation transitoire avec angoisse. À ce niveau, ils n'ont pas besoin de cela ! Je vois le nouveau dirigeant assez vite quand je sens qu'il y a le moindre souci, et j'essaie de le mettre à l'aise, de lui donner confiance. Je sonde également de façon tout à fait informelle les personnes qui travaillent dans l'équipe du nouveau dirigeant ou encore ses pairs pour me faire une idée. Le but n'est pas de surveiller – cela n'aurait aucun sens ! –, mais d'aider au contraire. Je pense que l'adaptation d'un dirigeant à son poste doit s'évaluer d'une façon subtile.

« Le choix des hommes est un enjeu captivant, car se tromper sur la durée, c'est mettre en danger l'entreprise.

« C'est d'ailleurs pour cette raison que nous avons décidé de changer nos habitudes en la matière. Longtemps, la direction "cadres dirigeants" était directement rattachée au président qui avait aussi la responsabilité des rémunérations des 300 principaux dirigeants du groupe. J'ai souhaité faire évoluer les choses et c'est désormais le secrétariat général, rattaché au comité exécutif, qui a cette responsabilité. L'idée est simple : la collégialité doit nous permettre de limiter le risque d'erreurs dans le choix de nos dirigeants. Je ne souhaite pas gérer cela seul. Cela introduit en plus de la transversalité, ce qui est forcément bon pour notre société.

« Concernant ces nominations, j'ai souhaité également privilégier trois axes : les recrutements externes, les recrutements internationaux et bien sûr la promotion de femmes.

« Le modèle Total fondé sur la promotion interne fonctionne. J'en suis la preuve puisque je suis dans la société depuis trente-sept ans et que j'y ai exercé huit métiers. Est-ce à dire qu'il ne faut rien changer ? Je ne le crois pas, car le monde connaît de profonds bouleversements. Les événements que nous observons dans les pays arabes en sont la preuve. Nous avons besoin aujourd'hui de regards nouveaux, au plus haut niveau. Nous ne pouvons plus nous contenter de notre point de vue sur le monde. Ouvrir les portes de Total aux fonctions de dirigeants ne plaît pas à tout le monde en interne, notamment à nos dirigeants justement. Il s'agit pour eux d'une trahison de nos valeurs. "Pourquoi changer une équipe qui gagne ?", considèrent-ils. Je sens pourtant que c'est une nécessité et que c'est justement quand on gagne qu'il faut faire évoluer les choses. Il est bien sûr logique que le patron du forage soit issu de l'interne, car il s'agit d'une fonction très technique. Mais notre directrice des achats vient de l'externe tout comme notre numéro deux de la stratégie par exemple. Notre organisation a besoin de ce sang neuf.

« L'internationalisation des dirigeants se définit souvent dans les grands groupes comme l'intégration massive de managers anglo-saxons dans les organigrammes. Ce n'est pas ce que nous avons souhaité faire. Nous souhaitons aujourd'hui promouvoir des dirigeants issus des pays dans lesquels nous sommes implantés. L'idée n'est pas qu'un Gabonais ou qu'un Angolais par exemple prenne la responsabilité de nos activités dans son pays. Je me méfie beaucoup de ce type de situation. En revanche, nous voulons qu'ils intègrent notre siège à un haut niveau de responsabilité. C'est la meilleure façon de comprendre nos grands enjeux, et là encore, ce n'est pas facile à faire comprendre en interne, car, souvent, ces profils souhaitent rester dans leur pays d'origine.

« La promotion de femmes dirigeantes est également un sujet prioritaire. Nous avions créé un conseil de la diversité qui devait réfléchir à la diversité des nationalités et à l'équilibre hommes/femmes, notamment chez les dirigeants. Nous nous sommes vite rendu compte que c'était une erreur puisque ce sont deux sujets totalement différents. La promotion de femmes dirigeantes est une préoccupation forte d'autant que nous n'avons aujourd'hui que deux femmes au sein de notre comité de direction et aucune dans notre comité exécutif. Les choses changent en revanche dans notre G60 qui rassemble les soixante principaux cadres dirigeants de l'entreprise.

« Pour revenir aux "cent jours" *stricto sensu*, je crois vraiment qu'il faut laisser du temps au dirigeant fraîchement nommé. C'est tout simplement une question de confiance.

« Par exemple, nous venons de nommer notre numéro deux de notre activité chimie qui est issu de l'exploration-production. Il ne connaît pas grand-chose à son nouveau métier. Je lui ai donné un seul conseil : celui de prendre le temps, pendant un an, de s'informer et d'observer avant d'agir. Autrement dit, pour apprendre ce nouveau business, il doit passer le moins de temps possible dans l'opérationnel, vivre dans l'ombre du numéro un qui a pour mission de le former avant de partir en retraite dans les mois qui viennent. Cela semble une position confortable, mais c'est illusoire. À ce niveau, les dirigeants ont trop tendance à compter leurs troupes – "combien de divisions !" – et ont parfois du mal à vivre sans manette, avec un peu de recul sur l'activité. Prendre son temps, se faire accompagner par un leader qui connaît tout du métier et qui transmet son savoir sans arrière-pensée avant de se retirer est pourtant une situation très privilégiée et bénéfique pour tous.

« Cette constitution de binômes temporaires est une façon de faciliter le départ des plus anciens et l'arrivée des jeunes générations. Cela permet aussi au futur leader de comprendre l'histoire de l'activité, les raisons qui font qu'elle en est à ce stade à son arrivée.

Cela lui évitera de tout balayer, de tout critiquer. Il est important en arrivant de respecter les équipes, l'histoire. C'est cela qui fera que le dirigeant sera demain respectable et apprécié.

« Mais tout cela prend du temps, se construit. J'observe ce qui se passe dans les entreprises familiales. Ce sont des entreprises que je connais bien pour des raisons familiales justement. Les actionnaires y sont trop réactifs. Ils ne laissent pas aux dirigeants le temps de s'installer, de prendre leurs marques et d'apporter véritablement de la valeur. Bien sûr, je comprends que les exigences soient parfois plus "court-termistes" dans ces sociétés – surtout quand elles traversent des difficultés financières –, mais cela n'explique pas tout. Les actionnaires doivent être patients et surtout intelligents, car c'est dans la durée que se construisent les plus belles réussites.

« En toutes circonstances, que l'entreprise soit grande ou petite, la pression est très forte dès les premiers mois. Le dirigeant se doit d'être exemplaire, de s'appliquer une grande discipline pour être respecté. Mais le principal conseil que je donnerai au nouveau dirigeant s'il ne veut pas être paralysé par l'enjeu : « Ne vous prenez pas trop au sérieux ! »

Franck Riboud : « Qu'est-ce qui pousse en trois mois à part les ronces ? »

Franck Riboud, PDG de Danone, nous explique comment il choisit et évalue ses directeurs généraux. Il livre aussi quelques conseils pour réussir les premiers mois. Et bien au-delà.

Priorité à l'interne !

« Danone est un centre de formation. Nous n'aimons pas recruter des directeurs généraux à l'extérieur. Je me méfie beaucoup des mercenaires. Une entreprise et en particulier Danone, c'est avant tout une culture, et il est bon qu'un directeur général ait passé dix ou quinze années chez nous avant de prendre son poste. Il faut avoir cheminé au sein du groupe, auprès de sa hiérarchie, pour se donner toutes les chances de réussir. J'ai déjà fait entrer dans notre comité exécutif des profils très brillants de l'extérieur. Je me suis trompé à chaque fois, à deux exceptions près. Cela ne veut pas dire qu'une entreprise n'a pas besoin de sang neuf. Il faut en revanche choisir le bon niveau pour en insuffler. Avec l'expérience, je pense qu'il est très difficile de faire rentrer quelqu'un à un niveau supérieur à celui de responsable de business unit. »

La bonne attitude

« Quand je nomme un directeur général, je m'attache à son attitude plus qu'à sa compétence. Quelqu'un de sûr de lui avant de prendre de telles responsabilités, cela m'inquiète toujours ! Un nouveau directeur général doit être heureux, satisfait, mais il doit aussi douter.

Le doute conduit à faire les bons choix : il pousse tout d'abord à écouter et à s'entourer de collaborateurs plus intelligents que soi ; il invite aussi à aborder les questions sous des angles nouveaux sans chercher toujours à reproduire quelque chose d'existant. »

Écouter les équipes en place

« Il y a toujours des choses positives dans ce qui a pu être fait avant la prise de fonctions. Il est bon d'écouter, de prendre le temps de se faire son opinion sans chercher à appliquer des recettes qui ont pu fonctionner ailleurs dans un contexte forcément différent. Chez Danone, on compose avec les hommes et les femmes de l'entreprise. L'humain est notre grande force. Cela donne parfois des excuses en cas d'échec, mais c'est dans notre culture. »

Être soi-même

« Le nouveau directeur général doit être lui-même. Le management scolaire est ce qu'il y a de pire pour une société ! Certains dirigeants mettent en œuvre, au départ, tout ce qu'ils ont appris dans les livres. Cela arrive à des gens très brillants, très bien formés, mais qui se refusent à être eux-mêmes. C'est la meilleure façon de se déconnecter d'emblée de la réalité. Dans ces fonctions, au contraire, il faut des tripes, c'est fondamental ! Le bon élève coche des cases. Il peut avoir de bons résultats, mais c'est trompeur. S'il ne comprend pas les hommes, cela ne peut pas fonctionner sur le long terme. Nous invitons régulièrement à Évian les directeurs généraux de notre société avec leurs conjoints. Dans ce cadre, sous ce regard, nous sommes sûrs qu'ils sont vraiment authentiques. C'est là d'ailleurs qu'ils sont les meilleurs. »

Aimer les gens

« Pour réussir, un directeur général doit avoir une autre qualité essentielle : il doit aimer les gens. Il doit pour cela savoir donner du temps à ses équipes. À titre personnel par exemple, je ne prends aucun rendez-vous les lundis et vendredis. Mon assistante est au courant. Cela ne veut pas dire que je ne fais rien, c'est simplement que je veux avoir le temps de voir les gens. Je me méfie beaucoup des dirigeants qui ne fonctionnent qu'en envoyant des e-mails. Je ne lis jamais un e-mail dont je suis simplement en copie. Mon message aux jeunes dirigeants est très clair : voyez les hommes et les femmes ! Rencontrez vos équipes ! Aujourd'hui, tout est process, tout est transparent, tout est mécanique. Cela ne peut pas fonctionner si on se contente de cela.

« Je passe en revue très régulièrement nos managers. Bien sûr, les résultats sont un élément important d'évaluation, mais ce n'est pas suffisant. Je suis très attaché à la qualité du management et à la notion d'équipe. Un directeur général n'est rien tout seul, ni un manager d'ailleurs. Avant de nommer un directeur général, nous nous posons toujours la question : Combien de personnes a-t-il formées qui sont susceptibles de le remplacer ? S'il n'a pas formé au moins deux personnes à ce niveau, c'est compliqué de le faire progresser et c'est très ennuyeux pour Danone. »

Favoriser les frottements

« Je crois en fait beaucoup à la théorie des frottements. Que va apporter le nouveau directeur général comme frottements au sein de l'équipe ? Saura-t-il les créer malgré la taille de sa raquette qui est de plus en plus longue, ce qui le conduit à déléguer de plus en plus et donc à contrôler de moins en moins les choses ? Nous croyons beaucoup chez Danone aux frottements liés à la diversité des parcours. Nous effaçons systématiquement les écoles d'origine lorsque nous faisons circuler les CV. C'est la meilleure façon d'éviter la cooptation, et surtout cela provoque l'échange. Un dirigeant doit pouvoir s'appuyer sur cette diversité qui est une force exceptionnelle. »

Apprendre, toujours !

« Le nouveau directeur général doit faire face à beaucoup de domaines qu'il ne connaît pas. S'il est très bon en vente et en marketing, il doit alors s'intéresser à la supply chain, la logistique, les relations sociales, etc. Il doit se dire dès le départ qu'il est là pour apprendre. Un directeur général qui fait le coq dans le domaine où il excelle, sans regarder à côté ce qui se passe, ne va jamais très loin. Pour autant, paradoxalement, il doit aussi savoir s'appuyer sur ses points forts, exactement comme un grand sportif. Les grands golfeurs par exemple travaillent plus leurs points forts que leurs points faibles, c'est comme cela qu'ils gagnent. Mais les points faibles ne doivent jamais être rédhibitoires, sinon, c'est l'échec ! »

Respecter l'agenda de l'entreprise !

« L'agenda de l'entreprise ne doit pas être contraint par l'agenda d'un nouveau président-directeur général ou d'un directeur général. Je me méfie beaucoup des managers qui calent une réunion marketing tous les lundis et un point sur les ventes tous les premiers jeudis du mois, comme de bons élèves. Le terrain sur lequel évolue l'entreprise est de plus en plus lourd et c'est au DG d'assurer la qualité de son jeu de jambes. C'est à lui de s'adapter au terrain et non l'inverse. »

La vision n'existe pas !

« Je me méfie aussi beaucoup des beaux discours sur la vision. Un directeur général n'a pas à avoir une vision, ni dans les cent premiers jours ni après d'ailleurs. Il est là pour faire des hypothèses, cela ne va pas plus loin. Pour faire simple, ce que je leur demande, c'est de vendre des caisses et de gérer des hommes ! Ils font eux-mêmes leur budget. Cela n'a aucun sens de dire à un directeur général : “cette année, c'est + 10 %” et l'avis des analystes ne doit surtout pas influer sur les objectifs qu'ils se fixent. Un jeune directeur général doit apprendre à ne pas se soumettre à cette pression, car une entreprise ne marche pas comme ça. Chacun doit être responsable ! »

L'exemplarité

« Le poisson pourrit toujours par la tête. Un dirigeant chez Danone gagne très bien sa vie et il se doit d'être exemplaire. Cela passe notamment par les notes de frais. Lors de ma première année à la tête de la société, j'ai eu droit à des remarques parce que je ne faisais pas assez de notes de frais. Mais pourquoi en faire ?

Moins de deux mois après avoir été nommé à la tête de Danone, j'ai vendu Lyon Air et nos Falcone. J'ai dit à nos dirigeants que si vraiment ils en avaient besoin, nous pourrions toujours en louer. Depuis, je n'ai jamais eu de demandes en ce sens. Il faut savoir rester au contact de la réalité ! »

L'essentiel et le superflu

« Un jeune dirigeant doit apprendre très vite à faire le tri entre ce qui est essentiel et ce qui est superflu. C'est une question de survie, car sa vie professionnelle ne s'arrête jamais, surtout avec les nouvelles technologies. Moi, le vendredi soir, je tire la grille et je me consacre à l'essentiel : emmener mon fils jouer au golf notamment ou faire du tracteur dans le Pays basque. Il faut apprendre à éviter le parasitage. Ce n'est pas facile au départ.

J'ai refusé d'être administrateur de Davos pour cette raison. Se rendre à ce rendez-vous n'a de sens que si l'on a des gens à voir. Sinon, on y perd son temps. Je conseillerais plutôt à un jeune dirigeant d'aller au forum social au Brésil : au moins, là-bas, le frottement est garanti. »

La pyramide inversée

« La pyramide de la décision est finalement assez confortable. Tout est prémâché. Si vous n'y prenez garde, et les premiers mois, en l'occurrence, donnent le ton, vos équipes entrent dans votre bureau pour vous donner un minimum de choix. C'est catastrophique comme situation si vous souhaitez faire avancer les choses. Vous devez au contraire avoir l'exigence de vous confronter à un maximum de choix. Pour cela vous devez avoir beaucoup d'informations. Le dirigeant doit se construire, dès le départ, une pyramide inversée qui lui permette de sentir au mieux la réalité. Il faut pour cela qu'il voie le plus de monde possible, qu'il sache faire oublier sa fonction quand il descend dans les étages. C'est là qu'il pourra recueillir le plus d'informations. Pour cela, il doit savoir être chaleureux, proche des gens. Dans le même temps, il doit rester froid, distant pour prendre les meilleures décisions. C'est un équilibre. »

L'œil extérieur

« Il est important de faire les choses par soi-même dès le départ. C'est comme cela que l'on apprend et que l'on devient un bon dirigeant. Mais cela n'empêche pas de se faire assister par un regard extérieur, au début notamment. Attention cependant : le consultant n'est pas là pour vous dicter ce que vous devez faire, mais pour vous aider à réfléchir. Je déteste les architectes qui vous imposent les plans de votre maison. C'est à vous de savoir où vous voulez mettre les fenêtres et l'escalier. C'est d'ailleurs comme cela que votre maison a de la valeur.

« Attention par ailleurs : un consultant a d'autres clients. Il n'est pas rare de voir chez les concurrents ce que l'on a construit ensemble. Autrement dit : le dirigeant ne doit pas tout dévoiler. Il doit toujours conserver les secrets de back-office. »

La liberté

« Pour pouvoir bien exercer la fonction de dirigeant, il faut être libre ! Cela se construit dès les premiers mois. Il faut pouvoir construire une relation de confiance avec ses équipes, quelques banques d'affaires, ses auditeurs, ses consultants, etc. Il est important de parvenir à instaurer des relations fusionnelles avec ses partenaires. C'est la meilleure façon de s'amuser dans ce rôle.

« Être libre, cela signifie aussi ne pas se soumettre au diktat du : "Nous avons étudié les différentes hypothèses, notre recommandation est..." C'est à vous et à vous seul de choisir. Si la décision est déjà prise, pourquoi vient-on vous voir ? À chacun d'assumer ses responsabilités. »

La communication n'est pas une priorité

« Je ne recommande pas à nos directeurs généraux de trop s'exprimer dans la presse dans les premiers temps. Pour dire quoi ? Ce ne sont pas des acteurs ! »

La durée

« Essayez de faire pousser une plante en trois mois. La seule chose qui pousse à cette vitesse, ce sont les ronces ! Autrement dit, ce qui compte pour un dirigeant, c'est le temps. Je ne juge jamais un dirigeant après trois mois, ni même après six mois. En fait, dans ces fonctions, il faut au moins une année pour tout bien comprendre. Ce n'est qu'à ce moment-là que l'on parvient à se forger son expérience. Plus tard, quand on se souvient de ce que l'on a pu faire, ou de la façon dont on s'est comporté alors, on sourit. On se dit que l'on était vraiment lent, mauvais, mais c'est une illusion. C'est le signe qu'on a beaucoup appris, car ce passage est obligé. Tout va tellement plus vite avec l'expérience.

« Je reste par ailleurs convaincu qu'un bon dirigeant se juge sur la durée. Les jeunes entrepreneurs qui revendent leurs affaires tous les trois-cinq ans ne sont pas pour moi de bons dirigeants. J'ai de l'estime pour ceux qui inscrivent leur action dans le temps, qui investissent dans leurs équipes, dans les hommes et les femmes qui les entourent, qui savent prendre des décisions difficiles en pensant aux autres et non pas à leur enrichissement personnel. Le vrai risque entrepreneurial est l'investissement sur la durée, en équipe. »

Pascale Sourisse : « Le management féminin n'existe pas ! »

Pascale Sourisse, directrice générale en charge des activités défense et sécurité de Thales est l'une des rares femmes françaises à ce niveau de responsabilités. Elle nous explique les Cent Jours, version féminine.

« Les femmes doivent s'accrocher ! Elles doivent, elles aussi, viser des postes de direction générale. Et les Cent Jours ne sont pas plus difficiles pour les femmes que pour les hommes, je vous l'assure.

« J'évolue dans un milieu très masculin : cela ne m'a pas empêchée de prendre la direction d'Alcatel Space en 2001 et d'être aujourd'hui directrice générale en charge des activités défense et sécurité de Thales [NdE : plus de 3 milliards d'euros de chiffre d'affaires].

« Avant une nomination à de tels postes, les questions sont toujours les mêmes pour une femme : sera-t-elle assez disponible ? Sera-t-elle à l'aise avec les questions technologiques ? Il faut très vite convaincre. Entre 30 et 40 ans, les hommes progressent à grande vitesse, de nombreuses femmes lèvent le pied. Je crois avoir montré, et nous sommes quelques-unes dans ce cas, que c'était possible pour une femme de prendre des responsabilités. Chez Thales, nous avons 8 % de femmes dirigeantes. Ce n'est pas beaucoup, mais c'est assez proche de ce qui se passe dans les autres entreprises françaises. Les femmes ne doivent pas faire de complexes et pour que cela marche, elles doivent afficher une ferme volonté et bénéficier d'un accueil favorable des hommes. Évoluer dans un milieu masculin n'est pas un problème insurmontable. J'ai toujours été au milieu d'hommes : en math spé, il y avait 3 filles pour 39 élèves, à Polytechnique, nous étions 24 filles pour 330 élèves. Et après ? Quand on est dans la place, que l'on a des résultats, tout est possible !

« En 2001, Serge Tchuruk a considéré que j'étais la meilleure candidate pour le poste. Mon prédécesseur souhaitait en plus que je lui succède. Il a même repoussé sa retraite de six mois afin que je puisse rentrer de mon congé de maternité. Je venais en effet d'accoucher de mon second enfant. Entre la décision de Serge Tchuruk et ma prise de fonctions, j'ai eu un mois et demi pour me préparer. J'étais déjà dans le groupe ce qui rendait la situation plus simple. Se préparer, c'est bien sûr prendre connaissance des dossiers importants dès que possible, mais aussi rencontrer les équipes. La dimension humaine est essentielle dans une prise de fonctions et lors des trois mois, vous devez aller à la rencontre des gens. Cela prend énormément de temps, mais c'est indispensable pour se faire accepter, pour fédérer et réussir. Il est capital aussi de rencontrer ses mandants – les actionnaires – et ses clients. Il s'agit de se présenter bien sûr, mais aussi de comprendre ce qu'ils attendent.

« Les trois premiers mois passent à une vitesse folle. Il faut donc absorber tout ce que l'on peut avant sa nomination. Il faut aussi une organisation familiale sans faille. Cela doit être un vrai projet familial. J'avais beaucoup de déplacements dans mon poste précédent. Être nommée dirigeante ne changeait pas grand-chose à mon organisation, mais je n'ai pas hésité à me faire aider à la maison et ménager de vraies plages familiales, le week-end notamment. Cette habitude doit être prise tout de suite. Même dans les Cent Jours, quand j'étais avec mes enfants ou en famille, j'y étais à 100 %, c'est fondamental.

« Outre l'information, l'autre défi des Cent Jours est de créer tout de suite une relation de confiance au sein des équipes. Les trois mois permettent de créer cette confiance, et de se faire accepter de façon enthousiaste. Pour cela, il est important d'être à l'écoute et de montrer que vous allez apporter une valeur ajoutée.

« La confiance se bâtit sur une communication ouverte et décontractée. L'idéal est de parvenir à être détendu dans les relations de travail et tendu sur les objectifs. J'explique toujours aux équipes ce que je veux faire en veillant à laisser des points d'interrogation. Il est normal de ne pas savoir exactement ce que l'on veut faire dans les trois premiers mois. Il est important de dire que chacun doit être mobilisé pour apporter des réponses aux questions qui se posent. Les équipes n'attendent pas un plan stratégique au bout de deux jours. Elles attendent en revanche des messages généraux sur la croissance, la technologie, les grands contrats notamment. Il ne faut pas se laisser déborder par la charge de travail. Le temps que l'on passe à absorber de nouveaux dossiers doit laisser de la place pour aller à la rencontre des équipes, des clients, des partenaires.

« Je ne crois pas qu'il y ait de recette féminine à l'instauration d'un climat de confiance. D'ailleurs je ne crois pas qu'il existe un management féminin spécifique, différent du management masculin. Je crois plutôt que cela tient à la personnalité et aux circonstances : certains managers communiquent beaucoup, d'autres moins ; certains aiment se plonger dans l'opérationnel, d'autres s'y refusent, etc. Le sexe n'a pas grand-chose à voir là-dedans. Je suis un leader qui a une communication très directe et transparente, je suis exigeante dans la performance, qui n'est possible qu'en mobilisant une équipe. C'est tout cela qu'il faut faire passer rapidement.

« Il est important aussi de veiller à la qualité de son équipe. Je ne fais pas partie des dirigeants qui souhaitent changer les hommes en arrivant. Ceux qui sont en place ont toujours des compétences, des qualités. Ils ne sont pas là par hasard ! J'ai toujours accordé ma confiance aux gens en poste, à condition qu'ils soient motivés, ce qui n'empêche pas des changements dans un second temps. Aujourd'hui, j'ai trois femmes dans mon comité de direction, mais je ne les ai pas nommées dans les trois premiers mois. Cela s'est fait par le jeu des mobilités. Et je ne nomme pas de femmes parce que ce sont des femmes, ce n'est pas un critère suffisant. Je cherche toujours un consensus sur les personnes que je recrute à ces postes. Peut-être sentent-elles plus de confiance parce que je suis une femme, mais vous savez, si elles sont parvenues à ce niveau de responsabilités, c'est qu'elles ont su auparavant bien travailler avec des hommes !

« En tous les cas, je ne crois pas beaucoup à cette urgence, ressentie par certains dirigeants, de laisser une empreinte. L'important à ce poste, c'est la performance et celle-ci ne se mesure pas au bout de trois mois ou de six mois. C'est le sens de la feuille de route du conseil d'administration. Celle-ci s'inscrit dans le temps. Mais vous savez, quand vous êtes en poste, vous n'avez pas forcément besoin de feuille de route ou d'audit, vous sentez très vite ce que vous avez à faire. Un audit peut être néanmoins très utile si la situation que l'on découvre est complexe. Quand j'ai été nommée en 2001 en plein éclatement de la bulle internet, de grands clients annulaient leur contrat, un à un. Il était évident qu'il fallait reconfigurer notre entreprise pour limiter au maximum l'impact de ce contexte.

« Le grand défi des Cent Jours finalement, c'est de gérer l'accumulation. Vous devez ingurgiter des informations, voir physiquement les équipes et faire tourner l'entreprise. Mais le vrai sujet, ce sont surtout les Cent Jours de votre premier poste de dirigeant. Par la suite, quand vous avez d'autres responsabilités de ce niveau, on sait qui vous êtes, vous avez fait vos preuves. Et que vous soyez un homme ou une femme, cela ne change plus grand chose ! »

CHAPITRE XI

ET HORS DE L'ENTREPRISE, C'EST COMMENT LES CENT JOURS ?

Pour être honnêtes, ce chapitre nous a été soufflé au cours de notre enquête par les dirigeants eux-mêmes : « Je me demande si ce que l'on vit dans cette période est propre à l'entreprise. » Voilà la question souvent entendue à l'issue de nos différents entretiens.

Voilà qui méritait quelques entretiens supplémentaires ! Nous sommes donc allés à la rencontre de dirigeants dans les milieux associatif, sportif, politique, religieux ou encore universitaire. L'objectif était d'apporter des éléments de réponse à la question posée par les dirigeants, mais aussi de tirer quelques leçons de ces expériences venues d'ailleurs.

Il est intéressant de constater tout d'abord que tous ces dirigeants ont vécu leurs cent jours comme une course contre la montre. « Les cent premiers jours sont une véritable tornade au cours de laquelle on est littéralement "aspiré" dans une nouvelle dynamique », indique en ce sens le maire de Neuilly-sur-Seine, Jean-Christophe Fromantin. « Pas de temps à perdre », renchérit Daniel Costantini, entraîneur de l'équipe de France de handball, qui a conduit son équipe au titre mondial en 1995 et en 2001. Quant à Henri Nallet, nommé ministre de l'Agriculture en avril 1985, il lui fallait impérativement avoir bouclé les négociations européennes « avant les grandes vacances », soit trois mois après sa nomination.

Ces dirigeants nous parlent aussi de nécessaire diagnostic et même d'« audit » durant cette période. Pour ce faire, Michel Dubost, évêque d'Évry, ne s'appuie pas sur un cabinet de conseil en stratégie, mais sur un... philosociologue ! Pour analyser la situation de départ, tous passent du temps avec leurs équipes, qu'il s'agisse des permanents de l'association des diplômés de Sciences Po, pour Pierre Meynard, ou des professeurs de Paris II pour Louis Vogel.

Bref, à bien des égards, ces dirigeants se ressemblent et cherchent à s'appuyer sur le plus grand nombre pour pouvoir mettre en œuvre leurs grandes orientations : « Dès le début, il faut gagner, mériter le soutien de tous. Chacun doit comprendre où nous allons », souligne ainsi le chef d'état-major de l'armée de l'air, le général Palomeros.

Pourtant, les dirigeants d'entreprise ont aussi bien des choses à apprendre de ces leaders. Notamment dans la gestion du temps.

« Je vois certains dirigeants échouer en voulant aller vite, et en cherchant à appliquer des recettes, des choses qu'ils ont déjà mises en œuvre ailleurs. Or sans connaître les personnes, on ne peut pas agir », explique l'évêque Dubost. Attention à la précipitation donc !

Attention aussi à l'autoritarisme excessif du nouvel arrivant qui veut absolument imprimer sa marque. C'est en ce sens que Pierre Meynard a lancé une série de chantiers impliquant l'ensemble de ses administrateurs pour dessiner sereinement, en fédérant le plus grand nombre, l'avenir de l'association des diplômés de Sciences Po.

Il est bon aussi de s'intéresser à l'extérieur, de voir ce que font les concurrents plutôt que de tomber immédiatement dans des enjeux internes, souvent stériles. C'est le sens du voyage en URSS, en RDA et en Hongrie de Daniel Costantini pour comprendre le fonctionnement des meilleures équipes du moment et s'en inspirer au plus vite.

Dans ces témoignages, chacun trouvera, nous l'espérons, des idées rafraîchissantes et originales pour aborder au mieux la période qui s'ouvre à lui. C'est, à nos yeux, leur grand intérêt.

Daniel Costantini : « Pas de temps à perdre ! »

Daniel Costantini est le premier entraîneur à avoir conduit la France à un titre mondial en sport collectif. En 1995, trois ans avant l'équipe de France de football, l'équipe de France de handball devenait championne du monde face à la Croatie. C'est le point de départ d'une incroyable série de succès pour cette équipe (quatre titres mondiaux, un titre olympique, deux titres européens). Pourtant, quand il a pris en mains l'équipe, dix ans plus tôt, tout restait à faire. Et vite !

« "Quand on touche le fond de la piscine, il faut pousser le sol avec les pieds. On remonte à coup sûr." C'est le conseil que m'avait donné un ami quand je suis arrivé à la tête d'une équipe de France de handball moribonde en 1985. J'étais d'accord avec lui, la question était de savoir si la poussée serait suffisante pour atteindre la surface. Nous y sommes parvenus en étant médaillés olympiques en 1992, puis champions du monde en 1995 et en 2001.

« Quand j'ai pris en mains l'équipe de France, elle venait de descendre dans le groupe C [NdE : à l'époque, en fonction des performances, les équipes jouaient le mondial A pour les meilleures, B ou C pour les autres]. La fédération et l'équipe de France étaient conduites par des Parisiens. Entraîneur du Stade Marseillais Université, j'étais dans l'opposition depuis des années. Je n'avais de cesse de dénoncer les errements de cette équipe et son manque d'ambition.

« En avril 1985, alors que l'équipe était vraiment au plus mal, la fédération s'est résolue à me donner les clés, sans que l'on ne signe aucun contrat. Cela voulait dire : "Tu as une grande gueule, mais tu verras, tu ne feras pas mieux que les autres." L'échéance était les mondiaux C qui se déroulaient au Portugal neuf mois plus tard. Il fallait gagner la compétition (douze équipes) pour remonter dans le groupe B. Ma prolongation à ce poste n'était possible qu'en cas de victoire. Ce n'était pas dit, mais je l'ai bien compris. À l'époque, j'étais enseignant en sport études à Marseille. L'absence de contrat, le flou qui régnait sur la longueur de ma mission rendaient la situation très délicate pour l'académie et le proviseur qui n'avaient pas le droit de me remplacer. Comme si tout allait rentrer dans l'ordre et que j'allais reprendre mon poste, bredouille, neuf mois plus tard.

« Dans ce contexte, je n'avais donc pas de temps à perdre et mes cent jours ont été particulièrement actifs. D'ailleurs, rétrospectivement, je peux dire que je ne les ai pas vus passer.

Il faut se souvenir ce qu'était le handball en France à l'époque. Nous étions un sport d'école, sympathique, sans argent, sans dopage, mais aussi... sans résultat.

« Il fallait créer immédiatement une rupture. Ma nomination en était une, du fait de mes origines. Les "Parisiens" cédaient la place aux provinciaux. Rastignac montait à Paris... à l'INSEP... dans une toute petite chambre pour être vraiment précis. J'ai tout de suite décidé de me consacrer à 100 % à l'équipe de France alors qu'auparavant les entraîneurs continuaient à exercer en club en parallèle. C'était un message important sur mon engagement.

« Tout de suite, j'ai fait un diagnostic de la situation.

« J'avais des idées, bien sûr, car j'étais dans le milieu comme joueur, puis comme entraîneur depuis des années. Mais je voulais comprendre certaines choses. Qu'est-ce qui nous séparait des meilleurs ? Quel était leur secret ? Je suis donc parti immédiatement en URSS, en RDA et en Hongrie qui comptaient à l'époque parmi les très grandes équipes. Je n'ai pas été déçu. Le secret, c'était le travail. Ces joueurs s'entraînaient 1 000 heures par an alors que les Français ne s'entraînaient que 300 heures. Entre le joueur de l'équipe de France et le bon joueur du dimanche qui jouait pour son plaisir, il n'y avait aucune différence sur le plan quantitatif dans l'entraînement.

« J'ai aussi fait un tour de France des clubs pour comprendre comment ils percevaient l'équipe de France et pour savoir s'ils étaient prêts à libérer leurs joueurs pour qu'ils puissent s'entraîner davantage ensemble en équipe nationale.

« Enfin, j'ai constaté que nos joueurs manquaient de taille. Il fallait rapidement réorienter notre détection. Avec mes 1,84 m, j'étais un joueur grand dans les années 1970. Aujourd'hui, si vous prenez l'équipe de France, il n'y a que deux joueurs qui ont une taille inférieure à la mienne. Et regardez les images de notre succès en 2001, lors des temps morts, j'ai toujours la tête en l'air pour parler à mes joueurs. Au-delà de la taille, il fallait aussi que les joueurs se renforcent musculairement.

« J'ai tout de suite tiré les conséquences de mon diagnostic initial, et ce, dans les tout premiers mois.

« Tout d'abord, j'ai augmenté le volume et la nature des entraînements. Dès la fin de ma première année, les joueurs s'entraînaient 500 heures par an et faisaient tous de la musculation. Aujourd'hui, entre leur entraînement en club et les stages de l'équipe de France, ils en sont à 800-900 heures. Le virage s'est pris à ce moment-là. Pourquoi est-ce si important ? Il est capital dans notre sport d'automatiser des gestes de base et de conserver son énergie, sa créativité pour quelques temps forts seulement. Alors bien sûr, recommencer sans cesse, ce n'est pas marrant. Et j'ai dû expliquer que répéter, ce n'est pas seulement reproduire les mêmes gestes, c'est se transformer.

« Par ailleurs, il fallait mettre en place une nouvelle organisation pour que les joueurs puissent rejoindre l'équipe de France la première semaine de chaque mois. Je voulais créer un véritable esprit d'équipe dans cette équipe de France. Je me suis arrangé avec les clubs, mais certains joueurs qui travaillaient en entreprise n'ont pas pu suivre le mouvement, malheureusement. J'ai obtenu de la fédération que les joueurs reçoivent une compensation pour cette semaine. Ils repartaient donc avec un chèque de 500 francs ce qui n'était pas rien pour les professeurs d'EPS qui composaient majoritairement l'équipe. C'était possible, car paradoxalement notre fédération était riche. Elle avait préféré investir pendant des années dans des produits financiers l'argent des 150 000 licenciés [NdE : 450 000 aujourd'hui] plutôt que dans des infrastructures. Nous avons commencé dans ces années-là à utiliser ce butin.

« Je n'ai pas changé l'équipe ou très peu. Les meilleurs étaient ceux qui avaient échoué au mondial B précédent, je m'en suis rendu compte très vite. Ce n'était pas une question de joueurs, mais de préparation et d'état d'esprit. Pour réussir, je leur ai dit tout de suite qu'ils devaient adhérer à trois valeurs : l'apprentissage (la répétition), l'ascétisme (rudesse des conditions de travail) et le nomadisme (confrontation avec l'extérieur, je les ai emmenés à Moscou dès le mois d'août...).

« Certains ont mal vécu cette période au cours de laquelle je changeais les choses en profondeur. Je le comprenais bien d'ailleurs, car je leur demandais des sacrifices difficiles à concilier avec une vie familiale notamment. Mais du coup, cela m'a permis de faire émerger des jeunes comme Philippe Gardent, Pascal Mahé, Philippe Médard qui étaient tous sur le podium olympique à Barcelone en 1992.

« À titre personnel, je me devais d'être exemplaire, car je leur demandais beaucoup. J'avais été nommé en même temps qu'un nouveau directeur technique national, Jean Férignac, et que le chargé de la formation, Maurice Portes. Mais j'étais seul aux commandes de l'élite. Je m'occupais du terrain bien sûr, mais aussi des réservations d'hôtel, des billets d'avion, etc. Je le faisais volontiers, car je ne voulais rien laisser au hasard. C'était aussi cela mon engagement.

« Nous avons remporté ce championnat du monde à Lisbonne quelques mois plus tard. Nous avons gagné de sept buts en finale contre les Hollandais, et c'est vraiment là que tout a commencé pour le handball français. C'était l'un des plus beaux jours de ma vie. Je me souviens qu'après la victoire je suis sorti dans les rues, j'avais besoin de marcher. Et puis peu à peu, mes pas se sont accélérés et je me suis mis à courir comme un gamin heureux jusqu'à l'hôtel. J'étais habité par une sorte d'allégresse. J'avais réussi mon pari : celui de mes débuts comme entraîneur de l'équipe de France !

« Mais comme vous le savez, je suis corse et je connais mon histoire. Les Cent Jours de Napoléon, ce sont ceux de son retour et de son échec. D'une certaine façon, les miens ont commencé en 2 000 après le revers des jeux Olympiques de Sydney.

« Nous avions terminé sixièmes à ces Jeux et plus personne ne me faisait confiance. On m'a maintenu en poste, mais mis sous tutelle. Il y a eu un grand flottement et je me suis vraiment remis en question.

« Dès ma prise de fonctions en 1985, j'avais opté pour un management très directif. Je décidais de tout, et rien n'était discutable. Nous étions dans l'urgence, et je n'avais pas de temps à perdre. En outre, c'est aussi ma nature, je dois l'avouer. Ce style, je l'ai imposé d'emblée à l'équipe. Il a été accepté, malgré quelques grincements au départ, grâce aux résultats obtenus. Mais avec les résultats justement, les joueurs ont voulu s'impliquer davantage dans certains choix : ils avaient gagné une légitimité et voulaient participer autrement à la vie du groupe.

« Le retour de Sydney, c'est mon retour de l'île d'Elbe. Le leader directif était mort, tué par ses joueurs. Place au management participatif ! Mais je n'ai pas fini à Waterloo, j'ai fini sur le perron de l'Élysée, avec un dernier titre mondial obtenu à Paris en 2001 face à la meilleure équipe du monde, la Suède. C'était, pour moi, la plus belle des revanches ! »

Michel Dubost : « J'ai confié un audit à un philosociologue »

Michel Dubost est évêque d'Évry depuis 2 000. Major de Sciences Po, ancien évêque aux armées, il décrypte ses cent jours à la tête de cet évêché, « PME de 1500 personnes » comme il aime le nommer.

« Le temps de l'évêque n'est pas compté. Un évêque est inamovible et reste en place jusqu'à sa retraite à 75 ans, il arrive qu'il demeure plus de quinze années en poste. Comprenez dès lors que les Cent Jours ont pour lui un sens très relatif.

« Un évêque n'est pas nommé par un conseil d'administration ou choisi par des actionnaires. C'est une commission romaine de cardinaux qui le nomme sur dossier. Il n'est candidat à rien, c'est le nonce apostolique à Paris – représentant du pape – qui dresse une liste et justifie ses choix. En général, le nonce sollicite des informations auprès des évêques et parfois auprès de certaines personnalités. Lorsque l'on cherchait un successeur au cardinal Marty, il paraît que Jacques Chirac avait, par exemple, donné son avis.

« Le jour où j'ai été nommé évêque d'Évry en avril 2000, je connaissais le mois de mon départ. Impossible de m'écarter à moins d'une très grosse faute. Ce rapport au temps change tout. Mais cela ne signifie pas pour autant que pour nous, les Cent Jours ne sont pas un enjeu.

« À votre nomination comme évêque, vous arrivez dans un diocèse que vous ne connaissez pas. L'urgence, avant d'agir, est donc de prendre la mesure des enjeux et de faire connaissance avec les acteurs de terrain. Lors des premiers mois, j'ai rencontré tous les prêtres – une centaine ! – lors de dîners successifs où je les invitais par groupe de sept à huit membres. J'ai aussi rencontré les responsables laïcs de l'évêché. Il faut se faire accepter très vite. Si vous ne parvenez pas à être accepté, vous laissez de la place au flou, et il sera alors bien difficile de prendre des décisions sans être contesté.

« J'avais aussi besoin d'un avis extérieur avant de prendre des décisions. J'ai donc sollicité un sociologue, Patrick Boulte, afin de réaliser une sorte d'audit du diocèse. Mon prédécesseur et son équipe l'ont mal pris, car ils ont considéré que je voulais juger leur bilan alors que, pour moi, c'était simplement une façon de prendre connaissance des sujets et d'en comprendre les enjeux.

« Mon prédécesseur avait notamment adopté un fonctionnement des institutions ecclésiales très différent de ce qui se passait dans les autres diocèses. Il n'avait pas souhaité fusionner ses paroisses mais les avait fédérées. Je voulais comprendre comment cela fonctionnait. J'ai d'ailleurs maintenu ce système qui reste une de nos spécificités.

« En Essonne, chaque paroisse a son équipe, mais les prêtres sont mutualisés par secteur du département. Autrement dit, chaque paroisse est animée par une équipe de laïcs avec un prêtre "ayant" d'autres paroisses.

« En arrivant, il m'a fallu très vite réfléchir également à la composition de mon conseil (le conseil épiscopal) qui rassemble des prêtres et des représentants des services. Que fallait-il faire notamment des membres de l'équipe précédente ? Certains ont mis fin d'eux-mêmes à leur mandat avant que je prenne mes fonctions. J'ai décidé de renouveler tous ceux qui restaient même si, au fil du temps, certains n'ayant pas trouvé leur place ont dû partir. Mais les principaux sont restés. L'un des vicaires généraux exerçait, de fait, des responsabilités que mon prédécesseur, malade à la fin de son mandat, n'assumait pas totalement. Il espérait pouvoir continuer à faire de même avec moi. Il est parti deux mois après ma nomination. Il a trouvé un poste à l'organisation de la conférence des évêques de France. L'autre vicaire général est toujours en place à mes côtés depuis plus de dix ans.

« J'ai souhaité modifié le fonctionnement de ce conseil en y incluant, en fonction des sujets, des conseillers territoriaux, des représentants de catégories professionnelles (diacres, laïcs, religieux) et des représentants des groupements de service (formation, catéchèse, caritatif). Tout cela s'est mis en place au bout de ma première année à la tête de l'évêché.

« Autre urgence : les ordinations de prêtres. C'est à l'évêque de trancher les cas litigieux pour les candidats au sacerdoce à la fonction de prêtre. Il est très difficile de prendre des décisions quand vous ne connaissez pas les personnes et que vous n'avez pas encore de relais de confiance pour en discuter. En arrivant, j'ai ainsi eu des cas difficiles à trancher. La décision est ardue, car on ordonne un prêtre pour la vie. Les années de séminaire ne sont pas un gage suffisant. Certains séminaristes, par romantisme, n'imaginent pas vraiment la vie d'un prêtre, une vie passionnante certes, mais austère. Par exemple, les prêtres ne touchent qu'à peine un SMIC par mois.

« Notre monde est un monde de passion et de bénévolat. Le rôle de l'évêque est de créer un climat de confiance entre les acteurs. Il doit transmettre cette confiance, identifier les qualités des uns et des autres, et être sûr que les personnes elles-mêmes ont conscience de leurs qualités. Valoriser une qualité que la personne n'a pas identifiée ne donne jamais grand-chose. Mais, il faut aussi responsabiliser. À mon arrivée, j'ai refusé de signer les 1 500 lettres de mission des personnes qui travaillent pour le diocèse. Mon prédécesseur le faisait. Je n'en ai signé que 25 pour les personnes que je connaissais et leur ai demandé de signer pour les autres. Ce n'était pas un acte de défiance, mais au contraire un acte de confiance. Je voulais responsabiliser d'autres que moi.

« J'ai succédé à un évêque populaire qui a fait construire la cathédrale d'Évry et 40 autres églises dans le diocèse. Le défi était grand ! Dans un tel cas, il n'est pas possible d'arriver avec une stratégie toute faite. Ma seule stratégie était et reste l'Évangile. Je ne fais aucune promesse, sinon celle du bonheur pour ceux qui deviennent saints. Nous ne sommes pas dans des logiques d'échéances, de programmes. Nous n'avons pas de calendrier, si ce n'est celui des fêtes comme celle que nous avons organisée à mon arrivée qui a rassemblé 1 300 personnes dans notre cathédrale. C'est un avantage mais aussi un inconvénient, car la contrainte du temps permet quelquefois d'avancer. Le plus important reste l'homme. Je vois certains dirigeants échouer, car ils veulent aller vite, cherchent à appliquer des recettes, des choses qu'ils ont déjà mis en œuvre ailleurs. Or sans connaître les personnes, on ne peut pas agir. Il faut prendre ce temps. Surtout auprès de bénévoles dont les moteurs ne sont ni l'argent ni la peur. C'est sûrement la grande leçon de mes cent jours. »

Jean-Christophe Fromantin : « Les Cent Jours avant l'élection sont les plus importants ! »

Maire de Neuilly depuis 2008, élu conseiller général en 2011 et chef d'entreprise, Jean-Christophe Fromantin est un élu atypique. Novice en politique, il a pourtant parfaitement su gérer son début de mandat.

« Dans mon cas, ce qui a vraiment compté, ce ne sont pas les cent premiers jours, qui passent à une vitesse folle, mais les Cent Jours avant l'élection.

« C'est entre janvier et mars 2008 que je me suis vraiment préparé à être maire, sur le plan de l'organisation mais aussi sur le plan psychologique. Tout est parti d'un sondage découvert dans *Le Figaro*. Il me donnait largement en tête devant la liste de David Martinon soutenue par l'UMP. Dès ce moment, j'ai compris que mon projet allait se réaliser. À partir de là, je continuais à mener campagne, mais je devais aussi organiser l'avenir de mon entreprise, ma vie familiale et structurer ma future équipe municipale. Bref, préparer l'avenir !

« Cela a commencé par le recrutement d'un directeur général, Bertrand Sourisseau. Je l'avais rencontré dans le cadre de mon travail. Il était en campagne à Cognac. De passage en Charente, je lui ai dit : "si je suis élu, j'aimerais que tu viennes." Dès que j'ai senti que nous étions en train de gagner la partie, nous nous sommes vus à plusieurs reprises pour structurer l'après. J'avais confiance en lui : chefs d'entreprise, nous ressentions tous les deux le besoin d'oxygéner la vie politique. Il avait en plus une vraie expérience politique puisqu'il avait été vice-président de la région Poitou-Charentes, dans l'équipe de Jean-Pierre Raffarin.

« Il fallait aussi déterminer qui pourrait devenir adjoint et avec quelles responsabilités dans mon équipe de campagne. Cela s'est imposé assez facilement en raison des métiers des uns et des autres. Mon idée était d'avoir dès le premier jour une équipe opérationnelle, au service des Neuilléens.

« Mais le plus difficile en fait était de changer notre état d'esprit : nous étions jusqu'alors des trublions du jeu politique local, nous allions être du jour au lendemain aux responsabilités d'une mairie de 1 200 salariés et de 150 millions d'euros de budget ! Il était fondamental que, cent jours avant, chacun se projette dans son rôle.

« Notre projet était clair, articulé autour de quelques thèmes de campagne que nous voulions tous mettre rapidement en œuvre : améliorer la qualité de la vie, développer les activités, développer la solidarité, communiquer, vivre en confiance.

« Quinze jours avant l'élection, j'ai rencontré le maire, Louis-Charles Bary, pour faire le point sur les principaux sujets afin que la transition se passe le mieux possible. C'était une façon de gagner du temps là aussi.

« Les cent premiers jours sont une véritable tornade au cours de laquelle on est littéralement "aspiré" dans une nouvelle dynamique. Tout était nouveau pour moi : il m'a fallu prendre possession des lieux, apprendre à présider un conseil municipal, comprendre les règles d'urbanisme, etc. C'était un vrai défi personnel aussi. Je n'avais jamais rêvé de devenir maire, ce n'était pas l'objectif de ma vie, mais le fruit d'une démarche. Il faut apprendre très vite ce que signifie la fonction et ce qu'elle implique. La première année, tout était nouveau : premier budget, premier permis de construire signé, première commémoration, etc. J'ai eu un rythme incroyable de 7 h à 23 h, sans vacances, j'ai dû potasser des livres, des fiches techniques sur tous les sujets.

« Prenons l'exemple de l'urbanisme : je ne connaissais aucune règle en la matière, mais j'ai vite compris que le plus important pour moi était d'avoir une vision du territoire plus que des connaissances techniques. J'ai toujours considéré, par exemple, que l'axe majeur (projet d'enfouissement de l'avenue Charles-de-Gaulle) n'était pas un sujet uniquement neuilléen, qu'il fallait au contraire l'inscrire dans une perspective plus large : celle du Grand Paris. C'est cela l'enjeu, et un chef d'entreprise le comprend facilement.

« En fait, au départ, j'ai été confronté à plusieurs défis majeurs.

« Tout d'abord, celui de la médiatisation. Je n'avais pas d'expérience particulière des médias. Au cours du premier mois, tous les jours, des journalistes des plus grands supports sont venus me voir. Les plus grands éditorialistes ont défilé dans mon bureau pour comprendre. En me faisant élire à la mairie de Neuilly, je bousculais le "cœur du réacteur". Était-ce un premier signe de déclin du président Sarkozy ? Tous voulaient comprendre comment cela avait été possible, quels étaient réellement mes réseaux. Je suis devenu du jour au lendemain une curiosité nationale et il m'a fallu apprendre à gérer cette notoriété nouvelle. J'ai appris aussi lors de ces premiers mois que les médias pouvaient infléchir votre agenda stratégique. Je n'avais, par exemple, nullement l'intention de m'exprimer trop vite sur l'axe majeur. J'ai dû le faire en répondant au *Journal du dimanche* beaucoup plus vite que prévu.

« Sur le sujet du logement social par exemple, j'ai refusé de signer très vite les objectifs de la loi SRU malgré les demandes du préfet, car ils ne prenaient pas en compte toutes les données de la situation locale.

« Il a fallu aussi continuer à entretenir ce lien avec la population. Elle s'était mobilisée pour moi, m'avait choisi pour être son représentant. C'était une vraie responsabilité et je lui devais un retour. Dès que j'ai été élu, j'ai eu une centaine de demandes quotidiennes par e-mails, sur des sujets très concrets (habitat, voirie, etc.). Quand je suis dans la rue, les gens m'arrêtent, je les écoute, je ne peux pas leur dire : "désolé, j'ai une réunion, il faut que j'accélère". Il faut apprendre alors à être à l'écoute, sans jamais opposer son emploi du temps. Un maire n'a pas à imposer son rythme à ses électeurs, ce qui demande une gestion d'agenda très particulière qu'il m'a fallu apprendre, là encore. Pour maintenir ce lien avec la population, j'ai continué sur la lancée de la campagne les réunions d'appartement, les rencontres dans les cafés. J'avais été élu grâce à ma présence sur le terrain, c'était ma marque de fabrique et j'ai voulu continuer. J'ai aussi lancé *la Lettre du maire* un mois après l'élection pour pouvoir toucher tout le monde et maintenir le lien avec la population. J'ai d'ailleurs recruté très vite un spécialiste du web pour continuer dans cette voie.

« Enfin, j'avais un défi avec les équipes en place. Comment embarquer tout le monde ? Comment faire accepter le changement ? J'ai fait le choix de ne pas commander d'audit en arrivant. La décision était importante, je ne voulais pas d'un acte de défiance à l'égard des équipes ni de la précédente municipalité. J'avais rencontré les principaux cadres, j'étais en confiance et je n'avais pas besoin d'un acte brutal pour incarner le changement. Seuls le directeur général et le directeur de cabinet sont partis, ce qui advient quasi systématiquement en cas d'élection d'un nouveau maire. J'ai recruté un directeur de cabinet adjoint qui avait fait sa carrière dans les Hauts-de-Seine, pour être sûr de bien saisir les spécificités de ce département.

« Le changement de culture devait passer autrement, par les process notamment. Dès mon arrivée, j'ai dit aux salariés municipaux : "Désormais, vous arrêtez les notes, je préfère que vous passiez me voir." Je voulais instaurer dans la mairie des rapports directs tels que ceux que je peux avoir avec mes collaborateurs dans mon entreprise. Un N-2 doit pouvoir entrer dans mon bureau sans que cela crée d'incident avec ses supérieurs hiérarchiques. Aujourd'hui, c'est parfaitement entré dans les habitudes. Je fais attention aussi à certains signes : je ne roule pas en 607 avec chauffeur, je continue à circuler en scooter. Je n'ai pas voulu changer ma façon d'être.

« Mais finalement, ce qui m'a le plus marqué dans ces cent premiers jours, c'est la découverte de l'étendue des sujets à traiter, à la fois proches et très humains, mais nécessitant aussi toujours une vision prospective. Même variété au niveau des contacts. À l'échelle d'une journée, je peux rencontrer le matin des Neuilléens dans une visite de quartier autour d'une question de voirie, visiter ensuite une maison de retraite et répondre à des questions de santé publique et le soir, dîner chez un ambassadeur, à côté d'un ministre et d'un président du CAC 40. »

Jean-Yves Le Drian : « Tout se gagne ou se perd très vite ! »

Réélu président de la Région Bretagne en 2010, Jean-Yves Le Drian évoque l'importance des Cent Jours de sa première élection en 2004. Un véritable électrochoc dans le paysage politique national.

« Ma victoire en mars 2004 a été un événement de la vie politique régionale et de l'histoire de la Bretagne.

« Pour la première fois en effet, un socialiste était élu à la tête de cette terre gaulliste et conservatrice. Le score était plus surprenant encore puisque je m'imposais avec 58 % des voix face au chiraquien Josselin de Rohan. C'était la plus large victoire de la gauche à ces élections régionales !

« J'ai participé avec d'autres à cette avancée de la gauche dans notre région. En 1978, quand j'ai été élu député pour la première fois, nous étions seulement quatre socialistes sur vingt-six députés bretons. En 1998, nous avions déjà bien progressé : il m'avait manqué deux sièges pour remporter les élections régionales. J'avais décidé à l'époque de renoncer à mon mandat de maire de Lorient pour devenir conseiller régional et prendre la tête de l'opposition. Au cours de ces six années, j'ai eu le temps de me préparer à la suite et d'analyser la situation. J'ai compris que, pour gagner, il fallait donner à la Bretagne un dynamisme et une fierté. C'était au président de Région d'y parvenir. Il ne s'agissait pas simplement de financer les lycées ou de suivre la mise en place des TER. Il fallait aller plus loin et proposer une stratégie pour créer une identité bretonne, une force bretonne dans le cadre de la République.

« Ce contexte est important pour comprendre le déroulement de mes cent jours.

« Ma présence au conseil régional m'avait permis de gagner un temps précieux sur la compréhension des enjeux et des dossiers.

D'ailleurs, il n'y a pas eu de passation avec le président précédent. Quand je suis entré en fonctions, le bureau était vide et nous n'avons pas eu l'occasion d'échanger. Nous ne l'avons fait que plusieurs mois plus tard. Aujourd'hui, nos relations sont apaisées et sereines.

« Entre l'élection et mon entrée en fonctions quatre jours plus tard, j'ai composé mon équipe et j'ai préparé mon premier discours. Il fallait tout de suite montrer qu'une nouvelle époque s'ouvrait, et je devais pour cela imposer mon style.

« Dès la campagne, j'avais des idées très précises sur les vice-présidents que je souhaitais nommer ainsi que sur leurs attributions respectives. J'avais pris soin cependant de ne prévenir personne tant que l'élection ne s'était pas déroulée. Par superstition sans doute. En tout cas, tous ont accepté. Nous étions dans l'enthousiasme de la victoire, les binious avaient retenti toute la nuit, il régnait une certaine euphorie parmi ces hommes et ces femmes qui avaient participé à la campagne à mes côtés.

« La composition de cette équipe était en soi déjà un changement puisque bien avant la loi sur la parité, j'ai tenu à ce qu'il y ait autant de femmes que d'hommes au sein du conseil et j'ai donné aux femmes de vraies responsabilités (énergie, mer, agriculture, aménagement du territoire, etc.). Quant à mon cabinet, je me suis appuyé sur une équipe très resserrée (quatre personnes) d'hommes et de femmes de confiance, issus du groupe socialiste et de la mairie de Lorient. Dès le lundi, j'ai envoyé un télégramme à Gilles Ricono, ancien directeur de cabinet de Jean-Claude Gayssot, ministre de l'Équipement, des Transports et du Logement, pour lui proposer le poste de directeur général des services. Mon message était simple : “Ne fais rien avant que l'on se voie.”

« À ce poste, les compétences sont très rares et on ne peut pas se tromper, car la fonction est stratégique. J'avais eu l'occasion de le côtoyer alors que j'étais rapporteur à l'Assemblée nationale suite à la catastrophe de l'*Erika*. Je m'entendais bien avec lui, je savais que nous formerions un bon tandem.

« Quant au discours d'intronisation, il m'a demandé beaucoup de temps à préparer – je fais toujours mes discours seul ! –, car le moment était fort. Je sentais une grande émotion dans la salle. Les gens étaient debout dans les travées, et c'est sans doute le plus grand moment de ma vie politique.

« Une semaine après l'élection, mon équipe était prête à se mettre au travail et mon discours avait donné le ton de ce que nous voulions faire à la tête de la région.

« Il fallait dès lors agir vite. Pour cela nous voulions nous appuyer sur les équipes en place et lancer rapidement nos grandes priorités.

« Le jour de mon entrée en fonctions, j'ai convié l'ensemble du personnel à un pot amical pour le lundi suivant et je leur ai dit qu'il n'y aurait pas de chasse aux sorcières, que je comptais sur tout le monde.

« Mobiliser ces équipes, profiter de leur formidable expérience, n'était possible qu'en redistribuant les cartes. J'ai ainsi tout de suite lancé, sans audit préalable, car je connaissais parfaitement la situation de l'intérieur, la mise en place d'une nouvelle nomenclature budgétaire qui coïncidait avec les douze missions principales du projet politique que j'avais identifiées. Ces missions marquaient nos choix politiques. Pour les prendre en charge, j'ai tout de suite décidé d'une nouvelle organisation qui a permis de révéler des talents.

« On m'avait dit que certains agents quitteraient forcément leurs postes, car nous ne partagions pas les mêmes idées politiques. Dans les faits, personne n'est parti, tout le monde a adhéré au projet.

« J'ai aussi tout de suite lancé le B15 – sorte de G20 breton – qui rassemble les présidents des quatre départements et ceux des dix agglomérations. Je voulais que l'on apprenne à travailler ensemble, en concertation au service de la Bretagne, que l'on partage les informations sur les grands projets structurants et au final, que l'on puisse porter un message commun.

« Rétrospectivement, je me rends compte que les Cent Jours ont été un moment unique pour fédérer ces élus, pour lancer nos missions ou encore pour mettre en œuvre nos chantiers prioritaires, que ce soit la ligne de TGV Paris-Brest-Quimper qui était au point mort, ou encore nos politiques nouvelles en matière d'aménagement du territoire, en matière de sport, de santé, de logement ou encore d'audiovisuel.

« Attendre, temporiser, c'est prendre le risque de tomber dans l'immobilisme et d'échouer. Dès octobre, tout était lancé, il restait l'essentiel : livrer bataille. Mais la partie se gagne ou se perd dès les Cent Jours. C'est à ce moment-là que vous donnez l'impulsion, que les gens comprennent ce que vous comptez vraiment faire. J'ai veillé pour cela à ce que mon style ne soit pas en décalage avec celui du candidat que j'étais, quelques mois auparavant. Bien sûr, j'ai abandonné la vareuse jaune que je n'avais pas quittée au cours de la campagne, mais j'ai toujours veillé à prolonger cette proximité avec les Bretons. J'ai d'ailleurs été reçu dans les premiers mois pour m'exprimer à la mairie de Rennes, de Brest ou encore de Saint-Brieuc, et j'ai tout de suite essayé d'être très présent à des événements importants comme le festival des Vieilles Charrues pendant l'été. Sans jamais oublier notre objectifd'identité régionale qui m'a conduit à lancer, avec l'appui de Bernard Hinault [NdE : breton, quintuple vainqueur du tour de France], l'équipe cycliste de Bretagne ou encore une mobilisation sur la langue et la culture bretonnes.

« Les Cent Jours d'un premier mandat sont beaucoup plus faciles à appréhender que ceux d'un second. Les gens sont beaucoup plus exigeants avec vous la deuxième fois, ce qui rend la tâche encore plus passionnante. Réélu l'an passé, il m'a fallu réinsuffler tout de suite de l'énergie parmi les équipes. Pour cela j'ai choisi de rebattre les cartes des délégations et de faire confiance à la jeunesse. Mais tout cela se fait finalement naturellement porté par l'enthousiasme de l'élection. »

Pierre Meynard : « Insuffler une culture de la performance à l'association des Sciences Po. »

Président de Rio Tinto France, Pierre Meynard a été élu président de l'association des diplômés de Sciences Po en septembre 2010. Son challenge des cent premiers jours ? Diffuser la culture de la performance en respectant quelques spécificités du monde associatif.

« J'ai été élu à la tête de l'association des diplômés de Sciences Po en septembre 2010. Président d'Alcan France au sein du groupe Rio Tinto, je ne pouvais me lancer dans cette aventure sans avoir au préalable vérifié que ces nouvelles fonctions étaient compatibles en termes d'agenda avec mon métier et que je serais donc en mesure d'assurer pleinement cette nouvelle responsabilité. »

Se faire une idée précise du contexte

« Une fois élu administrateur, poussé par certains de mes pairs à me présenter à la présidence, j'ai décidé, avant de me lancer, de rencontrer le directeur de l'école, Richard Descoings, et les permanents qui font vivre l'association au quotidien. »

Rencontrer Richard Descoings

« La rencontre avec le directeur de Sciences Po, Richard Descoings était fondamentale, car je voulais être bien en phase avec le projet de l'école. J'avais notamment besoin de l'entendre sur l'internationalisation de Sciences Po ainsi que sur la filière d'éducation prioritaire, qui étaient les deux éléments identifiants de l'institut à mes yeux. J'ai été séduit par son approche : j'avais en face de moi un visionnaire mais aussi un gestionnaire. J'avais aussi besoin de comprendre quelles étaient ses attentes à l'égard de l'association et l'importance qu'il y accordait. "Pas de développement de Sciences Po sans ses anciens", m'a-t-il dit en substance. Restaient bien sûr à déterminer les modalités de travail en commun, mais j'étais en phase avec ce qu'il avait fait de Sciences Po et avec les objectifs qu'il s'était fixés. »

Rencontrer les permanents

« J'ai aussi rencontré la directrice générale de l'association, Anne-Sophie Beauvais. Je sais par expérience que la disponibilité au quotidien est fondamentale dans une association et, comme ma présence physique serait nécessairement très limitée, je voulais être certain de pouvoir déléguer en confiance avant de me lancer. Là aussi, c'était une condition *sine qua non*. J'ai compris rapidement que l'association disposait d'un vrai leadership, de compétences et d'expériences diverses pour mener à bien ses missions : faire vivre le réseau d'anciens (clubs, revue, événements, annuaire, etc.) et les aider dans leur carrière notamment.

Une fois levées ces deux interrogations, j'ai décidé de me présenter. »

Mettre en œuvre un programme et fédérer

« Élu, mon ambition a été de mettre en œuvre les grandes idées que nous avions déterminées avec tous ceux qui m'avaient apporté leur soutien et de fédérer. Dès le premier conseil, nous avons évoqué la mise en place de cinq groupes de travail autour des thèmes identifiés lors de "la campagne" : le modèle économique, les réseaux sociaux, la communication, le développement des groupes professionnels, la gouvernance.

« Le but était de partager ce projet avec l'ensemble du conseil. C'est ainsi que tous les administrateurs, en fonction de leurs compétences et de leurs envies, participent aux travaux de ces groupes qui vont définir les prochaines grandes orientations de l'association. »

Une équipe rapprochée

« J'ai rencontré tout d'abord les dix permanents en tête à tête afin de comprendre leurs attentes et leurs envies.

« Pour m'aider à piloter tous les groupes de travail, je m'appuie sur mon équipe rapprochée : un bureau de cinq personnes – haut fonctionnaire, chef d'entreprise, financier –, qui se réunit chaque mois pour un déjeuner de travail et interagit dans l'intervalle par courriel ou téléphone chaque fois que c'est nécessaire. »

De l'art de manager des bénévoles

« Mobiliser le plus grand nombre est essentiel, comme dans l'entreprise. Dès les premiers mois, chacun doit comprendre que nous avons besoin de tout le monde pour avancer. Mais attention, les ressorts de l'engagement ne sont pas les mêmes en association et en entreprise.

« Les vingt-quatre administrateurs sont des bénévoles élus. Ils donnent du temps par conviction. Il n'y a aucun lien de subordination entre nous, ce qui rend le travail plus détendu, plus participatif aussi. L'absence de rémunération ne signifie pas qu'il ne doit pas y avoir de reconnaissance. Chacun doit être valorisé en fonction de son implication et des actions menées. C'est fondamental !

« Le système électif crée par ailleurs une grande différence avec l'entreprise. À l'association de Sciences Po, je n'ai pas choisi mes équipes, je compose avec des personnalités élues, de grande qualité, qui ont été choisies par les adhérents.

« Plus généralement, au-delà même du conseil d'administration, il faut rapidement trouver un équilibre entre la liberté laissée à ceux qui s'engagent bénévolement pour animer telle ou telle activité de l'association et la nécessaire cohérence de l'ensemble de nos actions : il faut s'assurer notamment que la multiplication des actions ne conduit pas à une dispersion de nos moyens par nature limités, que chaque événement est géré avec le souci de fidéliser et de recruter de nouveaux adhérents. Bref, il faut instaurer de la cohérence sans bureaucratie. »

La culture de la performance au cœur de l'association

Je considère que la performance doit être au cœur de nos préoccupations. Notre but n'est pas de faire des profits, mais nous devons être capables de répondre aux attentes de nos clients – nos 8 000 adhérents – en professionnalisant de plus en plus nos services, et nous devons lutter dans un milieu très concurrentiel, à savoir celui des grandes écoles. Ces dimensions, totalement assumées dans le milieu de l'entreprise, doivent l'être aussi désormais en milieu associatif. Mon prédécesseur, Jean-Emmanuel Combes, venait lui aussi du secteur privé et avait commencé à imprimer cette culture à l'association. J'ai fait comprendre, par mes premières décisions, notamment la constitution de ces groupes de travail, que j'inscrivais mon action dans cette continuité. J'ai d'ailleurs souhaité que l'on détermine des KPI (indicateurs clé de performance) qui soient plus que de simples indicateurs de bonne gestion. Nous devons pouvoir projeter l'association dans l'avenir et nous fixer ensemble, rapidement, des objectifs, celui d'augmenter de façon substantielle le nombre de nos adhérents notamment. »

Aller à la rencontre des adhérents de façon structurée

« En tant que président de l'association, je représente l'ensemble des adhérents, mais aussi les 35 000 diplômés de Sciences Po. Je me dois donc d'aller à leur rencontre et de leur dire où nous en sommes. Au cours des premiers mois de mon mandat, j'ai donc choisi d'être présent à une série d'événements pour rencontrer notre public qui a la particularité d'être extrêmement divers, de par son âge, bien sûr, mais aussi, de par les fonctions qu'il occupe dans la sphère publique comme dans la sphère privée. J'ai choisi les événements afin d'aller à sa rencontre de façon très structurée et planifiée. J'ai ainsi participé à un anniversaire de promotion, à un événement sur le lobbying, au réseau 27 qui recevait Jean-Christophe Rufin, au groupe professionnel assurance qui accueillait Guillaume Sarkozy ou encore à une réunion de rentrée des maîtres de conférence de l'école. En tout, cela m'a permis en trois mois d'aller à la rencontre de plus de 700 diplômés et de mieux comprendre ce qu'ils attendaient de l'association. »

S'investir personnellement dans les chantiers prioritaires

« L'un des chantiers lancé conditionne l'ensemble de notre démarche : celui du modèle économique de l'association qui doit notamment réfléchir à notre relation avec l'école. Je peux vous dire que, sur ce sujet, je réunis régulièrement le bureau pour faire un point d'avancement avec le responsable du groupe.

« D'autre part, je me suis personnellement impliqué dans le groupe qui réfléchit à la gouvernance de l'association : qu'il s'agisse du processus électoral ou de l'articulation entre les différentes instances : assemblée, conseil, bureau.

« Par ailleurs, nous évoluons dans un contexte mondialisé. Cela vaut pour les entreprises mais aussi pour les anciens. J'ai donc décidé dès le départ de pousser l'idée de la constitution d'un groupe professionnel "affaires internationales" piloté par un ancien ambassadeur en Chine et de jeunes entrepreneurs du réseau qui sont notamment implantés en Angleterre. J'ai aussi encouragé la structuration des anciens au Canada autour de deux cadres, à Montréal et Toronto. »

Un seul message : l'équipe est au travail !

« Quatre mois après ma prise de fonctions, mon message est toujours le même lorsque je m'adresse à des diplômés de Sciences Po, à des journalistes ou à un public extérieur : "Une nouvelle équipe est en place, elle travaille !" Je ne fais pas partie des dirigeants qui aiment s'exprimer en début de mandat. Cela vaut pour l'association comme pour l'entreprise. Passé le cap de la nomination dans *Le Figaro* ou encore dans *Les Échos*, je préfère que l'on se concentre sur la définition de notre stratégie et de notre plan d'action. Je me souviens toujours de l'attitude de Georges Besse au moment de sa prise de fonctions chez Renault. Les journalistes n'ont pas arrêté de le solliciter au cours des premiers mois. Lui ne disait rien : “Nous travaillons”, se contentait-il de répondre. J’ai toujours considéré que c’était ce qu’il y avait de mieux à faire dans cette phase initiale. En interne en revanche, j’ai bien entendu un devoir d’explication des différents chantiers engagés. Je le fais par l’intermédiaire de notre newsletter, mais aussi de *Rue Saint-Guillaume,* le journal de l’association. Il faut que chaque adhérent, chaque ancien sache que Sciences Po a besoin de leur soutien.

« Définir une vision, fixer des objectifs au service de nos clients, mobiliser les équipes autour de ces objectifs, vérifier qu’ils sont atteints et lancer, si nécessaire, des plans d’action correctifs : tels sont les points communs avec le management d’une entreprise.

« Mais sans perdre ce qui fait la richesse et le ressort d’une association de bénévoles : l’esprit d’initiative, le dévouement à une cause et l’envie de rendre à l’école ce qu’elle nous avait apporté.

« Nous ne sommes pas seulement au service d’une école prestigieuse, nous sommes aussi un lieu où s’exerce la solidarité entre générations. »

Henri Nallet : « Gagner la confiance de l'administration et des parlementaires avant les grandes vacances. »

Henri Nallet a été ministre pour la première fois en 1985 dans le gouvernement de Laurent Fabius. Totalement inconnu des Français, le néophyte s'impose très vite à l'agriculture en réussissant chaque défi des Cent Jours. Dans la foulée, il prend goût à la politique…

« Mes cent jours ont commencé le 5 avril 1985 par une poignée de mains avec Michel Rocard sur le perron de l'hôtel de Villeroy, rue de Varenne, siège du ministère de l'Agriculture.

« Je n'avais aucun mandat électif, pas davantage ma carte au parti socialiste, je n'avais postulé à rien, n'ayant aucun plan de carrière et je devenais du jour au lendemain ministre de l'Agriculture et de la Forêt du gouvernement de Laurent Fabius.

« Je n'avais donc pas anticipé cette soudaine promotion. Ce jour-là, j'avais prévu de récupérer à Fontainebleau un magnifique dériveur que je venais d'acheter pour mon fils. Nous devions l'amener dans notre maison de Normandie et passer un week-end sur l'eau, tous les deux, à l'essayer et le régler. Un pur bonheur en perspective...

« Mais à minuit, Michel Rocard a démissionné. À l'époque, Michel Rocard était la vedette des sondages, l'un des hommes politiques préférés des Français et certainement le futur candidat de la gauche à la présidentielle. Il ne voulait pas entendre parler de la dose de proportionnelle qu'avait voulu introduire François Mitterrand pour éviter une trop cuisante défaite socialiste aux législatives de 1986.

« J'étais alors le conseiller aux Affaires agricoles du président de la République, poste que j'occupais depuis juin 1981. Directeur de recherche au département de sociologie et d'économie de l'INRA, après quelques années à la direction économique de la FNSEA, j'avais travaillé sur le syndicalisme agricole, la politique agricole et sur l'élevage. J'étais de gauche bien sûr, ami de Pierre Joxe qui m'avait incité à proposer ma candidature à ce poste, mais sans engagement véritable dans la vie politique dont je m'étais jusque-là soigneusement tenu éloigné. J'avais juste aidé le candidat Mitterrand, avant son élection, à rédiger quelques lettres aux responsables des organisations agricoles, mais nous ne nous connaissions pas. Et je ne connaissais pas non plus les hommes de confiance du futur président comme Jacques Attali, Paul Quilès ou Pierre Bérégovoy. Mon seul lien à l'équipe Mitterrand était Pierre Joxe.

« Après une rencontre avec Jacques Fournier, secrétaire général adjoint de l'Élysée, j'ai été recruté. Pendant quatre années, j'ai donc préparé les dossiers agricoles du président, les sommets européens, les visites en province ou à l'étranger... J'étais à ses côtés quand il recevait les organisations agricoles et le tenais informé des tensions qu'entretenait le syndicalisme agricole avec Édith Cresson notamment [NdE : Édith Cresson est la ministre de l'Agriculture du premier gouvernement de Pierre Mauroy]. Bref, j'avais un rôle de technicien bien informé doté d'un petit sens politique...

« Cela a dû convenir au président puisque François Mitterrand a souhaité très vite que je sois en première ligne sur le dossier très sensible de l'élargissement de la CEE à l'Espagne et au Portugal. Il fallait à l'époque mesurer et maîtriser en priorité les conséquences d'un élargissement pour la viticulture languedocienne et pour les pêcheurs du golfe de Gascogne et y préparer des populations rétives. J'avais donc peu à peu gagné sa confiance, mais, pour lui, l'agriculture n'était pas vraiment un enjeu majeur. Il était entendu dans son entourage que les paysans votaient à droite dans leur grande majorité et de manière définitive, et il se méfiait un peu des paysans catholiques issus de la JAC qui avaient pourtant contribué à la poussée de la gauche dans l'Ouest de la France.

« Mais revenons à la démission de Michel Rocard. Je suis prévenu au milieu de la nuit par l'Élysée. Je m'y rends tôt le matin. François Mitterrand m'appelle à 9 heures. Il est détendu, souriant. La situation l'amuse, c'est manifeste.

“Vous vous rendez compte ! Michel Rocard a démissionné ! Je ne savais pas que ces histoires de proportionnelle l'intéressaient à ce point. Qui voyez-vous pour le remplacer ?”

« J'avais préparé une liste de trois noms d'hommes expérimentés : Michel Delebarre, Martin Malvy et Charles Josselin.

"Il faut que j'en parle à Laurent Fabius, mais, quoi qu'il arrive, je veux que vous soyez secrétaire d'État en soutien du ministre. Nous allons régler cette histoire avant midi, car je pars en Dordogne déjeuner chez Maurice Faure."

« Toute la matinée, d'autres noms lui ont été suggérés par des députés ou des conseillers, mais finalement il m'a rappelé. Quand je suis entré dans son bureau, sa secrétaire l'a fait prévenir que Laurent Fabius était en ligne.

"Henri Nallet est en face de moi, je crois qu'il accepte." Il raccroche et se met à rire.

"Excusez-moi, Monsieur le Président, qu'avez-vous décidé ?

— Monsieur le ministre de l'Agriculture, vous êtes en fonctions !" Voilà, c'était très simple...

« Je me retrouve donc à la tête d'un grand ministère sans jamais avoir mis les pieds à l'Assemblée nationale, sans sortir de l'ENA, sans véritable expérience politique. Tout cela finalement grâce à un coup politique du président qui veut montrer à tous qu'il peut remplacer Michel Rocard par un inconnu. Michel Rocard est heureux lui aussi que je lui succède : je ne peux pas lui faire d'ombre. Nous nous voyons toute la soirée pour faire le point sur les dossiers et il me dit qu'il souhaite organiser un dîner d'adieu avec ses homologues européens avec lesquels il est engagé dans les négociations annuelles sur la PAC (politique agricole commune). "Et si je t'accompagnais ?", lui ai-je demandé.

« Cela a été une très bonne décision, car cela m'a permis d'être introduit auprès de mes homologues par un homme qu'ils respectaient profondément. Et Michel Rocard a joué le jeu sur le thème : "Celui-là, c'est un bon, j'ai confiance en lui", etc. Je suis donc, en quelque sorte, mis sur le devant de la scène à la fois par François Mitterrand et Michel Rocard. La mise est grosse, je ne peux pas me planter, les cent premiers jours ont vraiment un sens...

« Je savais que je n'étais pas là pour longtemps, que les élections législatives un an plus tard redistribueraient les cartes et je me donne donc trois mois – c'est-à-dire l'arrivée des grandes vacances – pour faire aboutir les négociations communautaires, m'imposer au sein de mon administration et auprès des parlementaires. Démontrer que le président a eu raison de me faire confiance. Bien sûr qu'il entre dans tout ça des ressorts profonds et cachés...

« Le premier objectif allait de soi. Michel Rocard était parti au milieu des négociations sur la PAC, et elles s'annonçaient très compliquées. Il fallait absolument les conclure rapidement pour ne pas avoir de paysans dans la rue. C'était aussi le cœur du défi personnel : je devais asseoir ma légitimité dans ce qui constitue l'essentiel de la fonction ministérielle, l'art de la négociation...

« Je savais faire avec les dirigeants professionnels français : je les connaissais tous et je les pratiquais depuis longtemps. Les us et coutumes de la cogestion agricole m'étaient familiers. Il fallait montrer maintenant que je savais aussi me conduire dans l'enceinte communautaire.

« La France est le plus grand pays agricole d'Europe. Le ministre hollandais par exemple n'a que les dossiers du lait et des fécules de pomme de terre à gérer. Moi, j'avais en plus les céréales, le maïs, le lin, le chanvre, la viande bovine et ovine, le riz, l'huile d'olive, le vin, les pommes, etc. J'avais des « intérêts » à défendre sur tous les sujets et sous la pression d'organisations syndicales très revendicatives, et souvent dirigées par des hommes proches du RPR... Aucune bienveillance à attendre, il fallait des résultats ! J'ai réussi ce pari, mais quel travail !

« Et, je ne pouvais y parvenir qu'avec le soutien des fonctionnaires. J'avais compris dans les négociations sur l'élargissement de l'Europe aux pays du Sud l'importance du travail efficace de l'administration. Valéry Giscard d'Estaing n'était pas favorable à l'élargissement. Quand François Mitterrand a clairement pris position pour, j'ai vu le paquebot de l'administration changer de direction. Il est faux de dire que l'administration poursuit ses propres vues, quelle que soit l'orientation des politiques. Ce sont plutôt les politiques qui ne font pas toujours leur travail de chefs d'une administration, parce qu'ils en redoutent parfois la compétence...

« Composer mon équipe, mon cabinet n'a pas été facile à cause des législatives qui se profilaient. La vie de cabinet est une vie de chien et avec la défaite au bout, cela pouvait être compliqué pour certains de retrouver un poste intéressant.

« J'ai gardé des anciens du cabinet de Michel Rocard et j'ai recruté quelques fonctionnaires croisés au fil de mon expérience à l'Élysée. L'équipe était légère (une quinzaine de personnes) et c'était volontaire, car je ne voulais pas d'un cabinet écran. J'ai choisi des hommes et des femmes pour leurs compétences, bien sûr, mais aussi pour leur loyauté. Je voulais que l'on me dise les choses, que l'on ne me cache rien des difficultés. Plus tard, quand j'ai été garde des Sceaux, j'ai eu un collaborateur déloyal, qui me racontait des salades dans un secteur exposé. J'ai eu du mal à le court-circuiter, puis à le remplacer parce qu'il avait des soutiens "haut placés". Ça fait perdre beaucoup de temps et ça complique la vie de l'équipe. Il ne faut pas hésiter à trancher dans le vif dès le début. Dans ce cas, j'ai trop tardé...

« Dès ma prise de fonctions, j'ai indiqué que je ne souhaitais pas que mon cabinet soit un filtre : je voulais voir les hauts fonctionnaires directement. Je l'ai fait systématiquement pour les réunions préparatoires au budget, aux négociations européennes, pour les projets de lois, etc. Bien sûr, cela prenait du temps, mais cela me permettait d'entendre des points de vue qui ne figuraient dans aucune note de synthèse. Cela me permettait de mieux comprendre, de réfléchir avec eux, d'anticiper les questions et d'affiner mes interventions. J'ai aussi emmené très souvent ces hauts fonctionnaires à Bruxelles, j'ai été transparent avec eux et j'ai créé, je crois, une relation de confiance. C'était loin d'être gagné au départ, car les fonctionnaires du ministère de l'Agriculture sont un corps – celui des ingénieurs du génie rural, des eaux et des forêts – et je n'appartenais pas à ce corps. Mais la confiance, c'est aussi une question de connaissance. Le directeur de la production et des échanges, c'est-à-dire le haut fonctionnaire en charge du dossier de la négociation communautaire, était passé par l'INRA. Nous étions de la même génération et nous nous appréciions. Cela m'a aidé !

« C'est en m'appuyant sur les fonctionnaires ainsi que sur le directeur général de l'agriculture à Bruxelles, que j'ai réussi à faire aboutir les négociations sur la PAC. Guy Legras était un diplomate du Quai d'Orsay nommé en 1984 à Bruxelles et dont j'avais défendu la candidature auprès de François Mitterrand. J'ai bien aimé travailler avec les fonctionnaires des différents corps dans toutes mes responsabilités et j'ai un grand respect pour leur sens de l'État et leur désintéressement. Un homme politique qui leur tape dessus manifeste qu'il n'a rien compris au fonctionnement de notre société...

« Il m'a fallu aussi parfois, mettre mon ego de côté dans cette période d'apprentissage. Le jour de ma nomination, Laurent Fabius m'avait fourni, en cinq minutes au téléphone, une feuille de route assez claire : “Pour vous, les choses sont simples : les élections l'an prochain seront difficiles et vous devez assurer la paix sociale sur le front paysan. Vous devez le faire sans moyens supplémentaires. Votre connaissance du milieu et des dirigeants syndicaux doit vous suffire. Bon courage.”

« En pleine négociation communautaire, je donne mon accord à une modification des montants compensatoires monétaires sur la viande bovine française. Cela devait coûter un peu plus d'argent que prévu à l'État, mais cela augmenterait le prix de la viande et satisferait donc les éleveurs. J'ai vu dans les cinq minutes qui ont suivi un administrateur civil de Bercy, membre de la délégation qui m'accompagnait, sortir furtivement de la salle du conseil des ministres. Dans la foulée, j'avais Laurent Fabius en ligne.

“Cher Henri. On me dit que vous allez au-delà de votre mandat ? Revenez en séance et faites marche arrière, me demande le Premier ministre, sur un ton sans réplique.

— Ce n'est pas possible. Nous venons de voter.

— Débrouillez vous !”

« Pour sortir de l'impasse, je suis allé voir le président du conseil, un Italien très arrangeant, et je lui ai dit la vérité. Il a organisé une réunion entre ministres seuls, et j'ai expliqué mon problème. Revenir sur une décision votée est quelque chose de rarissime. Finalement, mon homologue allemand, un Bavarois de la CDU, m'a soutenu, tout comme mon homologue anglais à qui j'ai renvoyé l'ascenseur quelques mois plus tard pour adopter une prime à la brebis Herdwick, espèce peu productive mais très présente dans sa circonscription. Il y avait à l'époque une grande solidarité entre les ministres de l'Agriculture, naturellement dépensiers, pour que les financiers nationaux et communautaires ne mettent pas trop leur nez dans leurs arrangements...

« Le dernier défi était bien sûr de gagner l'estime des parlementaires. J'ai été nommé un jeudi. Dès le mardi suivant, je devais répondre aux questions de l'Assemblée nationale. Je me méfiais beaucoup de celles de l'opposition qui avait pour habitude de ne pas communiquer très clairement ses questions en amont de la séance. Je n'avais jamais mis un pied dans cette enceinte solennelle et je n'étais vraiment pas à l'aise. Jean-Louis Bianco, secrétaire général de l'Élysée, m'a conseillé d'aller voir Jacques Pilhan, le conseiller en communication du président. Il m'a donné de sa petite voix cet apaisant conseil : "Ne t'inquiète pas, Henri. Tu connais tous les sujets beaucoup mieux qu'eux. Explique-leur les choses comme tu le faisais à François Mitterrand et tout va bien se passer."

« Je me souviens que Raymond Barre et Valéry Giscard d'Estaing me dévisageaient. Je passais au scan et ils se disaient : "D'où est-ce que Mitterrand nous a sorti ce gars-là ?" J'ai pris la parole, sans note. Je voulais leur montrer que je connaissais mes sujets et cela a tout de suite marché. J'ai gagné la bataille de la légitimité à ce moment-là, en quelques minutes. D'ailleurs, un sondage du *Quotidien de Paris,* quelques semaines plus tard, me classait en tête des ministres qui donnaient satisfaction aux parlementaires. J'en rajoutais : j'exigeais de mon cabinet une attention particulière et rapide aux demandes des élus de la majorité comme de l'opposition. Cela m'assurait en retour, des débats législatifs plus confortables, et parfois consensuels...

« Mon image de techno disponible était faite. Elle a été renforcée, très vite aussi par mon soutien aux Restos du Cœur à l'automne 85. Beaucoup dans mon cabinet me déconseillaient de donner suite à la demande de Coluche d'intervenir pour modifier la réglementation communautaire sur la mise à disposition des produits agricoles stockés : "Que vont dire les dirigeants agricoles ?", "Si vous donnez de la viande à Coluche, les prix vont baisser". Voilà ce que j'entendais à l'époque ! Et certains collègues du gouvernement : "Tu es sûr que c'est bien de s'afficher avec Coluche comme tu le fais ?"

« Je connaissais Coluche, nous avions habité dans le même immeuble dans le Ve arrondissement quelques années plus tôt et avions créé une crèche parentale avec les habitants du bâtiment. J'ai écouté mon attachée de presse, Judith Vincent, qui me pressait de le recevoir. C'est vraiment à ce moment-là que je me suis fait connaître des Français, car Coluche en a fait des tonnes en me remerciant très souvent publiquement.

« Je n'ai jamais été un ministre qui cherche à se montrer dans les médias et je ne comprends toujours pas cette attirance compulsive de la plupart des responsables politiques pour les caméras et la mise en scène de leur propre vacuité. Je me contentais aisément de cette image de sérieux et d'efficacité qui correspondait davantage à l'idée que je me faisais de la responsabilité publique. Bien sûr, c'est moins “charismatique”, mais plutôt durable... Vingt-cinq ans après, je suis invité chaque année à une dizaine d’assemblées générales de coopératives, de chambres d’agriculture, etc. Tous ces gens du milieu agricole veulent m’entendre parler aujourd’hui encore d’agriculture... C’est ma plus belle et très discrète récompense...

« Cette première expérience ministérielle m’a beaucoup aidé dans les deux suivantes [NdE : Henri Nallet a de nouveau été ministre de l’Agriculture en 1988, puis ministre de la Justice en 1990]. Ce sont mes premiers cent jours, ceux qui m’ont construit aux yeux des Français et, sans doute, de moi-même. Les réussir m’a permis de comprendre que j’aimais cette vie politique forte et intense, que je voulais devenir député, dirigeant politique et rester encore un peu dans le film. En fait, j’en ai repris pour quinze ans, au gouvernement, au Parlement, dans des mandats locaux, au parti socialiste, à l’Europe... et c’est bien la suite... des cent premiers jours ! »

Jean-Paul Palomeros : « Créer rapidement de la fierté ! »

Le chef d'état-major de l'armée de l'air, Jean-Paul Palomeros, doit mettre en œuvre la modernisation de son armée tout en donnant de la fierté à ses troupes. Des enjeux concomitants à relever dès les Cent Jours !

Comment parvient-on à de telles fonctions ?

J'ai été nommé en conseil des ministres le 13 juillet 2009. J'avais été numéro deux pendant plus de quatre années, au poste de major général. Mon prédécesseur prenait un des deux commandements majeurs de l'OTAN et soutenait ma candidature. Tout cela me prédestinait sûrement au poste. Pour ce type de responsabilités, vous ne faites pas passer de CV : les décideurs vous connaissent déjà parfaitement. En revanche, si vous ne souhaitez pas de la fonction, il faut s'arranger pour le faire savoir en amont. Pour le reste, parmi les trois candidats, nous sortions tous du même creuset : nous avions tous fait l'école de l'Air, nous avions tous été pilotes de chasse, etc.

Devenir chef d'état-major de l'armée de l'air, c'était un accomplissement ?

Bien sûr, mais je me suis cependant interrogé avant de prendre le poste. Comme major général, j'étais une sorte de directeur général de l'armée de l'air : j'étais responsable de la préparation de nos avions, de la performance de notre armée et également de nos finances. Tout cela, bien sûr, par délégation du chef d'état-major. Autrement dit, j'avais déjà beaucoup fait et je devais répondre à une question : que pouvais-je apporter de plus ? Auprès de deux chefs d'état-major successifs, et grâce à leur confiance, j'avais déjà fait avancer mes idées ! Je pense notamment à la simplification de nos structures de commandement, qui sont passées de quatorze à quatre grâce à notre plan Air 2010. Cette réforme de la gouvernance, j'y étais étroitement associé.

Qu'est-ce qui vous a décidé finalement ? Comment avez-vous senti que vous étiez la personne qui correspondait au poste ?

L'armée de l'air est confrontée à de grands défis, notamment suite au Livre blanc de 2008 et à la révision générale des politiques publiques (RGPP) qu'elle doit mettre en œuvre. J'avais envie de déployer en profondeur ces réformes. Quand on est militaire, on est là pour servir !

Quels ont été vos défis de début de mandat ?

Ces défis dépassent largement les Cent Jours ! D'un côté, l'armée de l'air doit poursuivre sa modernisation, qui passe par une réduction de 25 % de nos effectifs, la fermeture de dix de nos bases sur quarante, et la suppression de 120 avions de chasse, soit le tiers de notre flotte. De l'autre, ma mission est de moderniser les équipements, d'améliorer les conditions de travail et de vie de nos militaires, pour que notre armée ait un niveau de performance irréprochable. J'y avais beaucoup œuvré dans le cadre du Livre blanc de 2008. Il me fallait désormais mettre en œuvre ces nouveaux équilibres.

Aviez-vous une feuille de route ?

Je suis là pour créer de la cohérence entre les objectifs de la RGPP et ceux du Livre blanc tout en conservant notre excellence opérationnelle. Notre armée de l'air fait partie des meilleures du monde. Nous le constatons par exemple aujourd'hui en Libye. Ma feuille de route, finalement, c'est qu'elle le reste, tout en se modernisant.

Qu'est-ce qui vous a semblé prioritaire à votre arrivée ?

On considère souvent que l'armée de l'air se résume à ses avions. Il fallait mettre en avant nos hommes qui vivaient avec incertitude les réformes. Il fallait parler de leur motivation, de leurs compétences mais aussi de leur solidarité. Ce sont les valeurs de l'armée de l'air et je me devais de les rappeler.

J'ai demandé que soit inscrit dans mon agenda le maximum de déplacements sur le terrain, au cours des premiers mois. Je me suis rendu sur l'ensemble de nos bases, ainsi que sur nos théâtres d'opérations au cours de ces cent jours. Je voulais vraiment expliquer nos décisions, directement, sur les bases que nous avions prévu de fermer, notamment. Ce n'était pas du courage, c'était conforme au sens des responsabilités que l'on doit avoir à ce poste. Je voulais montrer qu'il y avait un chef qui assumait les décisions prises, tout en proposant des solutions d'accompagnement.

C'est-à-dire ?

Nos équipes – 60 % d'entre elles – sont composées de contractuels. Jusqu'alors, ces contrats étaient renouvelés pendant dix à quinze ans. Les réformes conduisent, d'une certaine façon, à une rupture du contrat social initial, et cela mérite explication. Nous sommes là pour aider nos militaires dans leur reconversion. Ils ont développé chez nous des qualités, des compétences et une grande éthique. Pour 90 % d'entre eux, la reconversion se passe d'ailleurs très bien !

Vous avez choisi de communiquer massivement et rapidement. Pourquoi ?

Il faut souligner que la communication ne faisait pas partie de mes attributions précédentes, en tant que major général. J'ai senti, au contact des femmes et des hommes de l'armée de l'air, que nous devions plus que jamais avoir une communication volontariste afin de renouveler leur fierté légitime de servir leur pays.

J'ai d'abord beaucoup rencontré nos élus au cours de ces cent jours. Je voulais leur rappeler nos enjeux et nos valeurs. Je les ai invités, j'ai participé à de nombreuses conférences et j'ai réactivé la communication auprès de notre réserve, qui se compose d'une réserve opérationnelle – des anciens qui souhaitent prolonger ponctuellement, mais aussi de jeunes qui veulent s'investir pour la nation – et d'une réserve citoyenne. Ces derniers sont de véritables sympathisants, notamment d'anciens auditeurs de l'IHEDN (Institut des hautes études de Défense nationale). Je voulais des relais d'opinion de qualité qui aient, en plus, une vision critique de notre institution.

Cette réserve citoyenne, comment l'avez-vous utilisée ?

Dès le départ, j'ai souhaité élargir mon cercle d'influence et avoir plus de contacts avec la société civile. Il fallait favoriser les échanges par son biais notamment. Mon constat était simple : les citoyens ont un haut niveau d'estime pour notre armée, mais ne savent pas qui nous sommes. La seconde phase de la communication pouvait avoir lieu : elle passait par les médias.

Cela a été cette émission présentée par Michel Drucker dès le mois de mars ?

Absolument. Michel Drucker a animé une émission à heure de grande écoute qui a rassemblé près de 4 millions de télespectateurs. Je l'ai nommé colonel de notre réserve citoyenne, tout comme Michel Sardou, d'ailleurs, qui participait à l'émission. Michel Drucker m'a accompagné à Kandahar (Afghanistan), auprès de nos troupes. En interne, cette émission, dans laquelle les aviateurs ont pu se reconnaître, a réellement valorisé l'engagement de chacun au service de tous.

Vous avez aussi beaucoup communiqué en interne par d'autres canaux.

Mon prédécesseur avait créé un blog, sur notre réseau interne. C'était une excellente initiative que j'ai souhaité prolonger. Je m'y exprime très régulièrement et beaucoup réagissent, pas uniquement au sein de l'armée de l'air. Je ne peux pas répondre directement, car cela est contraire à l'éthique du commandement, mais cela donne des informations intéressantes, utilisées par ailleurs. J'ai, en ce sens, décidé d'accentuer le rôle de nos instances de concertation avec les représentants du personnel par le biais du conseil de la fonction militaire. J'ai également demandé au colonel qui m'accompagne, sur ces questions essentielles de communication, d'étudier les moyens d'être plus présent sur les réseaux sociaux.

Cette communication volontariste de début de mandat n'était-elle pas un moyen de créer un nouveau rapport de forces avec le pouvoir politique ?

Cela contribue à la fierté des équipes et c'est effectivement une façon de faire pression sur les échelons supérieurs. Devant les commissions de la défense de l'Assemblée nationale et du Sénat, j'ai répété que la contrepartie de la réforme difficile, c'était la modernisation de nos équipements et de nos conditions de travail. Nous méritons de l'attention et devons le faire savoir. Nos effectifs vont diminuer de 16 000 personnes d'ici 2014. La totalité des économies réalisées doit être réinvestie, c'est d'ailleurs ce qui a été promis par le président de la République.

Peut-on faire des réformes dès le début d'un mandat ?

Ce qui est sûr, c'est qu'une grande réforme, pour réussir, nécessite du temps. Il faut prendre ce temps, accepter aussi de se faire accompagner, y compris par des consultants comme nous l'avons fait, par exemple, pour la réforme de notre gouvernance.

Au cours de vos cent jours, quels ont été vos relations avec votre ministre et le chef d'état-major des armées ?

Des relations de confiance et de loyauté, avec un objectif commun, partagé : que la réforme aboutisse et que notre armée reste performante, apte à remplir ses contrats opérationnels, comme le demandent les opérations actuelles.

Avez-vous le sentiment que l'on peut rater son mandat en manquant son départ dans ses fonctions ?

Dès le début, il faut gagner, mériter le soutien de tous. Chacun doit comprendre où nous allons. Je suis suivi et je le dois en partie à mon poste précédent. J'étais très souvent sur le terrain, au cœur des bases. J'avais eu l'occasion de créer un contact privilégié, je crois. Bien sûr, nous sommes une armée, un chef y est naturellement respecté. Il n'en reste pas moins que nous avons des enjeux très forts en termes de motivation. Les militaires ont, comme tout le monde, des doutes. Aujourd'hui, quand je regarde nos avions au-dessus de la Libye, je sais que chacun, malgré les contraintes, donne bien plus que 100 % de lui-même. C'est une belle réussite.

Louis Vogel : « Pour réformer l'université, il faut avant tout convaincre ! »

Président de Paris II (Assas) et de la Conférence des présidents d'université (CPU), Louis Vogel revient sur ses cent jours à la tête de son université. Le challenge ? Imprimer un nouveau rythme de réformes... en respectant les usages de la « communauté ».

Vous avez été élu président de Paris II (Assas) en 2006, juste avant la loi sur l'autonomie des universités que vous avez dû mettre en œuvre. Comment êtes-vous arrivé à ces fonctions ?

Mon expérience de professeur de droit et d'avocat m'avait convaincu que l'université était en danger, s'endormait sur ses lauriers, et que Sciences Po, les écoles de commerce et même des universités étrangères devenaient de redoutables concurrentes. Il fallait réagir ! Je me suis présenté, persuadé que je n'avais aucune chance d'être élu, mais espérant communiquer mon désir de changement. Or, durant le mois qui a précédé l'élection, j'ai découvert qu'une grande majorité des membres de l'université que je rencontrais pensaient comme moi et, sans jamais avoir osé le dire, espéraient et jugeaient indispensable un profond changement.

Président d'Assas : est-ce un poste courtisé ?

Il y a finalement très peu de volontaires pour ce type de poste à l'université. Quand vous êtes enseignant, en train de rédiger le traité de votre vie, vous n'avez souvent aucune envie d'occuper une fonction très administrative comme celle-ci. Les enseignants ne rêvent pas d'un tel poste !

La fonction a beaucoup évolué. Mon directeur de thèse, Berthold Goldman, président de Paris II à la fin des années 1970, y consacrait trois matinées par semaine. Le ministère gérait tout. Aujourd'hui, c'est un emploi à plein temps. Depuis la LRU (la loi Libertés et responsabilités des universités) notamment, un président d'université est devenu un véritable manager.

Les premiers cent jours vous ont-ils laissé un souvenir particulier ?

Pendant cette période, vous dépendez d'un emploi du temps imposé. J'ai découvert les trois conseils de l'université. En trois mois, rencontrer les enseignants, les personnels administratifs et les étudiants m'a permis de mesurer les attentes. J'ai aussi compris au cours de cette période que la décision à l'université résultait souvent d'un consensus. Vous pouvez avoir des idées et être élu, il faut convaincre chaque conseil à chaque fois que vous souhaitez faire quelque chose. Impossible d'ordonner quoi que ce soit : tout se négocie, se discute.

Il faut comprendre cela très vite pour pouvoir avancer ! Prenons un exemple : dans une école de commerce, créer un nouveau diplôme peut se décider ; dans une université, il faut l'approbation du conseil de département, du conseil d'UFR, des conseils centraux, etc. Bien sûr, la discussion enrichit la proposition initiale, mais quelle énergie déployée ! Je n'avais pas du tout conscience de cela au départ, et cela tranchait avec mon expérience précédente de la vie des affaires.

La grande leçon de vos premiers mois, n'est-ce pas finalement cet apprentissage du consensus ?

Absolument. Vous négociez sans cesse, vous recherchez l'équilibre entre enseignants, personnels administratifs et étudiants. Le processus de décision prend du temps. Les « coûts de transaction » sont réels, mais on finit par trouver un équilibre.

Avez-vous composé votre équipe durant ces premiers mois ?

C'est beaucoup plus complexe que cela. L'équipe administrative tout d'abord (RH, finances, etc.), composée de fonctionnaires, est en place. Pas question donc de changer les hommes. Mais les méthodes de travail peuvent évoluer. Dès mon arrivée, j'ai changé les process. Chaque semaine, tous les directeurs se réunissent pour véritablement partager l'information et trouver ensemble les solutions aux problèmes. Cette transversalité était une petite révolution.

En tant que président, vous avez aussi une vraie liberté pour composer votre équipe rapprochée, informelle, d'enseignants qui relayent vos idées au sein des départements et qui vous transmettent ce que pensent véritablement tous les acteurs. Cette équipe de conseillers, qu'il faut constituer rapidement, n'apparaît dans aucun organigramme. Elle est pourtant fondamentale.

Est-ce que vous vous étiez fixé une feuille de route, un agenda stratégique pour rythmer votre action lors de vos débuts ?

J'ai été élu sur un programme très simple : réveillons notre université, ne la laissons pas se faire déposséder de son domaine. C'était mon ambition, et elle a recueilli 75 % des suffrages. J'avais bien sûr des idées, il fallait les mettre en pratique et profiter des premiers mois pour les lancer.

Avez-vous connu « un état de grâce » ?

L'expression est sans doute exagérée. Pendant les premiers mois, vous êtes plutôt une curiosité. Chacun souhaite vous voir et souhaite voir les choses avancer. Mais l'« état de grâce », c'est finalement quelque chose que vous vivez avec vous-même : vous avez une force, une énergie, des idées, un enthousiasme dans ces premiers mois qui vous rendent très convaincant et vous incitent à agir.

Concrètement, cela a débouché sur quelles actions ?

Établir le contrat quadriennal – devenu quinquennal depuis – avec l'État m'a permis de définir clairement mes actions. Le drame de toutes les universités, et même de la nôtre, est d'avoir un taux d'échec de 50 % en première année. J'ai donc lancé le « parcours réussite » pour accompagner ceux qui rencontraient des difficultés et leur proposer un enseignement plus adapté, avec notamment plus de culture générale et moins de droit dans un premier temps. Nous avons aussi lancé le collège de droit pour les meilleurs éléments, la maison du droit qui permet aux étudiants, encadrés par des avocats, de donner bénévolement des conseils juridiques et d'acquérir ainsi de l'expérience, le concours de plaidoirie pour les meilleurs orateurs, les ateliers de professionnalisation qui donnent l'occasion à des étudiants de rencontrer des professionnels, etc. Les trois premiers mois ont été importants pour tester ces idées et montrer ma détermination. Mais, pour juger le travail d'un président, il faut au moins deux ans, le temps que les décisions soient véritablement prises et appliquées.

Vous faites partie des présidents d'université les plus visibles et ce, bien avant la publication de votre ouvrage [1] ou de votre élection à la tête de la CPU. Cette stratégie de communication, l'avez-vous construite dès le début de votre mandat à la tête d'Assas ?

Absolument. J'ai d'ailleurs recruté une attachée de presse dès mon arrivée. Chaque université a besoin d'être incarnée. Le président doit s'exprimer, dire ce qu'il fait, pour le bien de son institution. Je considérais que c'était de ma responsabilité. Mais je dois être honnête : j'ai été surpris par l'intérêt immédiat des journalistes pour nos sujets. Cet intérêt s'explique : chaque Français, au travers de son expérience ou de sa famille, est concerné par l'enseignement supérieur.

Vous êtes assez critique sur la nouvelle gouvernance des universités et la volonté de faire émerger un « président-chef ». N'est-ce pas une condition pourtant pour que l'université se réforme ?

Je ne crois pas aux institutions, je crois aux hommes. Un président d'université reste d'abord le responsable d'une communauté, un *primus inter pares*. La loi n'y change rien. Bien sûr, nous bénéficions d'un droit de veto désormais, mais peut-il s'appliquer ? Si, dans les premiers mois, le président décide de ne pas suivre telle ou telle décision du conseil d'administration ou du conseil scientifique, il rompt l'équilibre et la confiance. Je ne crois pas à l'« hyperprésidence » même si, sur certains sujets, il faudrait pouvoir faire preuve de plus de réactivité. En tant que président d'université, vous ne devez jamais oublier que les gens qui vous entourent gagneraient

1. Louis Vogel, *L'Université, une chance pour la France*, PUF.

beaucoup plus ailleurs, qu'ils sont à vos côtés parce qu'ils partagent certaines valeurs humaines et qu'ils souhaitent ensemble faire progresser la pensée. Il faut évidemment en tenir compte dès vos premières décisions.

Les Cent Jours sont une période importante dont il ne faut pas non plus tout attendre. C'est là que vous imprimez votre marque, votre style, que tout le monde vous observe.

Mais ce n'est pas à ce moment-là que vous allez avoir des résultats, que vous allez livrer ce que vous dites. C'est cela finalement qui compte le plus.

Ce qui est sûr, c'est que manquer ses cent jours peut être dommageable et vous faire rentrer dans une course à handicaps. La gestion d'une entreprise est une course de fond, mais c'est toujours très difficile de rectifier les premières impressions.

Denis Hennequin, PDG d'Accor

CONCLUSION

« Échouer lors des cent premiers jours, c'est grave. Mais si l'on réussit cette période, ce n'est pas gagné pour autant », considère François-Philippe Pic, président de Mondial Assistance France.

Voilà résumée en une phrase toute la complexité des Cent Jours. Période fondamentale de la réussite d'un mandat, les Cent Jours n'en restent pas moins... cent jours, c'est-à-dire une période très courte où il est, par définition, impossible de tout faire et même de tout initier.

La problématique du temps est un sujet majeur pour les dirigeants. Ils doivent savoir parfaitement gérer le temps de l'entreprise et saisir les moments opportuns pour agir.

Alan Jenkins, professeur en théorie des organisations à l'ESSEC Business School souligne en ce sens l'importance de « la gestion de l'impatience » chez les dirigeants : « La gestion de l'impatience est l'un des principaux défis du dirigeant en début de mandat. Cette impatience émane des syndicats, des salariés, des actionnaires, des ONG parfois et surtout du dirigeant lui-même. Celui-ci doit réussir à se fixer des règles de conduite et continuer à respecter ses valeurs, sans vouloir jouer de rôle trop éloigné de ce qu'il est réellement. »

Il semble que cette gestion du temps, ce sens du timing, s'apparente à bien des égards à une forme de sagesse. Pourquoi vouloir aller plus vite que la musique quand vous en êtes le compositeur ?

Ne pas se résoudre à cette évidence, c'est se mettre en péril inutilement. Et dans ce cas, gare aux fausses notes, car comme le dit Alan Jenkins : « Les cent premiers jours peuvent déjà être le début de la fin. »

« En prenant son temps, on constate que bien des situations se règlent d'elles-mêmes, se décantent », analyse Jean-Dominique Guiter (Satas).

Bref, la fin des Cent Jours ne doit pas être considérée comme une date couperet. L'état de grâce ou plutôt la période d'observation et d'adaptation d'un dirigeant à son environnement peut durer bien davantage. Cela ne signifie pas, bien entendu, qu'il faille se laisser porter au gré des événements, mais cela veut dire qu'il faut parfois savoir attendre.

Certains dirigeants vont même beaucoup plus loin : ce n'est qu'au bout de cinq années, nous dit par exemple Xavier Fontanet dans son ouvrage *Si on faisait confiance aux entrepreneurs* (Les Belles Lettres), qu'un PDG obtient la confiance de ses salariés. « La confiance s'inscrit dans la durée et doit se conquérir chaque jour dans tout le détail de la vie au travail. Un PDG n'obtient la confiance de ses salariés qu'au bout de quelques années, je dirais cinq années. On guette ses actions, ses positions sur les grands et les petits sujets, avant de vraiment le juger et le suivre. Il faut donc qu'il dure beaucoup plus longtemps puisque, s'il ne dure que cinq années, au moment où tout peut commencer, tout est de nouveau à refaire avec un autre. »

Les Cent Jours doivent donc se vivre sans pression excessive. Facile à dire, nous rétorqueront les dirigeants qui ont vécu cette phase comme une déflagration dans leur existence.

Nous avons eu l'occasion de travailler récemment pour un dirigeant de fonds d'investissement qui ne comprenait pas bien l'angoisse de l'un des directeurs généraux qu'il venait de nommer : « Au bout de trois mois, il a pris rendez-vous avec moi et m'a expliqué tout ce qu'il avait lancé comme chantiers. Cela allait des projets d'acquisitions au nouvel organigramme de la société en passant par un nouveau plan de rémunération. Bref, cela partait dans tous les sens. Je lui ai donc demandé qui lui avait dit de faire tout cela si vite. Il m'a répondu qu'il fallait que ce soit fait dans ses cent jours, car après tout serait plus difficile. »

Autrement dit, cette pression des Cent Jours est souvent une pression que le dirigeant s'impose à lui-même, conditionné par le caractère quasi mythique du concept, une envie de bien faire manifeste, mais aussi une certaine immaturité.

En cela, les dirigeants d'entreprise ont beaucoup à apprendre de personnages comme Louis Vogel, président de l'université Paris II et de la Conférence des présidents d'université, adepte « de la recherche d'équilibre » avant de prendre des décisions, ou encore de l'évêque d'Évry, pour qui les « cents jours ont un sens très relatif » puisque la durée d'un mandat d'évêque est en moyenne de quinze ans.

Un bon dirigeant doit savoir tout de suite prendre du recul et ne pas devenir l'esclave du temps. Il doit refuser son accélération et réussir à réfléchir avant d'agir. Non, les Cent Jours ne doivent pas être vécus comme une course contre la montre où le dirigeant avancerait tête dans le guidon, sans trop se poser de questions en appuyant le plus fort possible sur les pédales.

Il doit au contraire, dès cette période, savoir lever la tête, regarder les paysages, à gauche, à droite. L'idée n'est pas de franchir au plus vite la ligne d'arrivée, mais au contraire de se préparer chaque jour aux cols à venir. En la matière, une chose est sûre : ils seront nombreux !

S'il y parvient, le succès ne sera pas très loin...

Nos remerciements aux dirigeants qui nous ont consacré du temps pour nous aider à réaliser cet ouvrage : Anne-Christine Arnould, Robert Aydabirian, Jean-Pierre Beaudoin, Dominique Bernard, Isabelle Capron, Bruno Carbonaro, Alain Chamla, Daniel Costantini, Michel Dubost, Sylvie Gilbert, Denis Hennequin, Thierry Falque Pierrotin, Xavier Fontanet, Jean-Christophe Fromantin, Cyrille Grandjean, Damien Guermonprez, Jean-Dominique Guiter, Alan Jenkins, Jean-Yves Le Drian, Christophe de Margerie, Yann Marteil, Pierre Meynard, Sébastien de Montessus, Virginie Morgon, Henri Nallet, Jean-Paul Palomeros, François-Philippe Pic, Éric Pinot, Isabelle Proust, Éric Revel, Franck Riboud, Julien Rozet, Claude de Saint Vincent, Pascal Schuster, Pascale Sourisse, Marcel Torrents, Isabelle Veillon, Ann Verledens, Louis Vogel.

Remerciements particuliers à Alain Calmé, président du conseil de surveillance d'Homair, qui a eu l'idée de ce projet quand il était associé chez PwC.

TABLE DES MATIÈRES

DANS LA MÊME COLLECTION

parus

Xavier Fontanet,
Si on faisait confiance aux entrepreneurs.
L'entreprise française et la mondialisation, 2010.

Jean-Emmanuel Combes,
Pour que votre retraite soit un succès.
Les trois mois qui comptent, 2011

à paraître

Sylvie Gilbert,
Femmes d'altitude

Ce volume,
publié aux Éditions Les Belles Lettres
a été achevé d'imprimer
en septembre 2011
sur les presses
de
CPI Aubin Imprimeur

N° d'éditeur : 7271
N° d'imprimeur : 74776
Dépôt légal : octobre 2011
Imprimé en France